Herausgegeben
von
Erich Stör

Sport Klassiker

Nest Verlag

Der Inhalt

Vorwort

Die Sport-Klassiker dieses Jahrhunderts sind nicht an einer Hand abzuzählen, aber doch von begrenzter Zahl. Die Auswahl dieses Buches wurde nach bestimmten Gesichtspunkten getroffen, doch erheben die Autoren keinen Anspruch auf Vollständigkeit. Natürlich hatte die eine oder andere Veranstaltung noch ihren Niederschlag finden können, doch nicht immer waren die selbst auferlegten Kriterien ausreichend für eine Veröffentlichung. Als Beispiel sei der Giro d'Italia genannt: gewiß eine für Italien ganz außergewöhnliche Radrundfahrt; stellt man sie jedoch in Vergleich zur Tour de France wirkt sie dann doch nur zweitrangig, was keinerlei Abwertung der sportlichen Leistungen der Athleten sein soll. Andrerseits war die inzwischen um ihr Leben kämpfende "Internationale Radfernfahrt Warschau-Berlin-Prag" (Friedensfahrt) von historischer Bedeutung - auch in sportpolitischer Hinsicht -, so daß an ihr nicht vorbeigegangen werden konnte.

Im Tennissport haben die vier Grand-Slam-Turniere in Australien, Frankreich, England und USA einen herausragenden Stellenwert, aber doch haben nur die All England Tennis-Championships in Wimbledon den Ruf, einmalig und unübertrefflich zu sein. Und dies auch aus Sicht der teilnehmenden Sportlerinnen und Sportler.

Andererseits erschien es bedeutsam, auch Veranstaltungen aufzunehmen, die vom sportlichen Wert her nicht mit anderen konkurrieren können, aber doch durch ihre Einmaligkeit berühmt geworden sind. Das Ruderrennen der Achtermannschaften zwischen Oxford und Cambridge ist ein Beispiel dafür. Das jeweils zu Ostern ausgefahrene Rennen kann sportlich betrachtet keineswegs mithalten mit der Henley-Regatta oder der Rotsee-Regatta in Luzern; gleichwohl ist dieser alljährliche Studentenspektakel auf der Themse in London von historischer Bedeutung und Einmaligkeit.

Erstaunlich hoch ist die Anzahl berühmter Motorsportveranstaltungen, was aber im Zusammenhang stehen dürfte mit der Entwicklung des Automobils in diesem Jahrhundert. Verzichtet wurde dabei sogar auf die Beschreibung der meisten Grand-Prix-Veranstaltungen der Formel 1, obwohl sich da manches Rennen mit langjähriger Tradition durchaus angeboten hätte. Vorbeigehen aber konnte man nicht am Großen Preis von Monaco in Monte Carlo, ein Rennen, das zwar insgesamt sehr langsam ist, aber wegen seiner Umstände im Steuerparadies eine besondere Rolle spielt, Glamour und Glimmer mit inbegriffen.

Eine besondere Rolle spielen natürlich die Olympischen Spiele und die Fußball-Weltmeisterschaften. Das sind immerhin die Sportereignisse par exellence, alle vier Jahre Höhepunkte für jedweden Sportler, ob nun Leichtathlet oder Fußballer.

Es kam uns insgesamt nicht darauf an, im Sinne eines Lexikons jede Einzelheit und geschichtliche Besonderheit minutiös aufzulisten, sondern vielmehr Geschichten zu erzählen über das, was diese Veranstaltungen auszeichnet und zu wahrhaftigen Klassikern im Sport gemacht hat. Und dies natürlich ausschließlich aus subjektiver Sicht. In anderen Ländern werden andere Beobachter oder Zeitzeugen des Sports möglicherweise zu einer anderen Auswahl und Bewertung kommen, zumal auch subjektive nationale Gesichtspunkte durchaus nicht auszuschließen sind.

Erich Stör

Die Autoren

ULRIKE SPITZ, Jahrgang 1956, nach Volontariat und Tätigkeit in der Sportredaktion der Badischen Zeitung in Freiburg seit 1993 Sportredakteurin der Frankfurter Rundschau. Während ihrer sportlichen Laufbahn als Skilangläuferin gehörte sie zum Kader der deutschen Nationalmannschaft. Spezialgebiete: Ski nordisch, Eiskunstlauf, Sportpolitik.
Ihre Texte: Vierschanzentournee, Wasa-Lauf, Holmenkollen-Spiele, Letzigrund Zürich.

CHRISTOPH ALBRECHT-HEIDER, Jahrgang 1952, studierte in Heidelberg Soziologie, Psychologie und Pädagogik, besuchte die Henri-Nannen-Journalistenschule in Hamburg. Arbeitete zunächst in der Lokalredaktion der Frankfurter Rundschau, wechselte 1985 in die Sportredaktion. Experte für American Football, Basketball und Leichtathletik.
Seine Texte: Super-Bowl, Olympische Spiele.

REINHARD SOGL, Jahrgang 1959, studierte Sport und Germanistik in Heidelberg, wo er die ersten Hürden der journalistischen Laufbahn nahm, nachdem sich für den badischen Jugendmeister im Sprint die über 110 Meter verteilten zehn Hindernisse als zu hoch erwiesen hatten. Nach einem Volontariat seit 1985 Sportredakteur der Frankfurter Rundschau. Seine Spezialgebiete sind Tennis, Leichtathletik und Eishockey. Seine Texte: Davis-Cup, Wimbledon.

JÖRG HANAU, Jahrgang 1962, diplomierter Geograph, mehrmaliger hessischer Leichtathletikmeister im Sprint, seit 1992 Sportredakteur der Frankfurter Rundschau. Spezialgebiete: Fußball, Handball, Leichtathletik. Seine Text: Ruderrennen Oxford-Cambridge.

HELMER BOELSEN, Jahrgang 1925, gilt als Radsportexperte Nummer 1 in Deutschland. Regelmäßiger Berichterstatter bei der Tour de France seit 1958, langjähriges Redaktionsmitglied der Frankfurter Rundschau, heute als freier Journalist tätig. Verfasser mehrerer Radsport-Bücher.
Seine Texte: Hölle des Nordens, Tour de France.

JÜRGEN AHÄUSER, Jahrgang 1954, studierte an der TH in Darmstadt Politik, Sport, Volkswirtschaft und öffentliches Recht. Seit 1987 Redakteur der Frankfurter Rundschau und Fachmann für Ski alpin, Schwimmen, Tennis, Motorsport. Sein Text: Hahnenkamm-Rennen.

CHRISTIAN STÖR, Jahrgang 1970, studiert in Frankfurt Germanistik und Literatur und arbeitet als freier Journalist. Seine Texte: Golf-Masters Augusta, America's Cup.

KARIN STURM, Jahrgang 1961, Formel-1-Journalistin und Schriftstellerin aus München. Schrieb mehrere Motorsport-Bücher, darunter die Ayrton-Senna-Biographie "Seine Siege, sein Vermächtnis". Ihr Text: 24 Stunden von Le Mans.

IRIS HILBERTH, Jahrgang 1967, studierte in Frankfurt am Main Sport und Germanistik; derzeit Redaktionsvolontarin bei der FR. Spezialgebieten Leichtathletik, Turnen, Behindertensport, Triathlon. Mitautorin des Buches "Olympische Spiele und Paralympics 1992".
Ihr Text: Ironman Hawaii.

HANS-GÜNTER SCHMIDT, Jahrgang 1941, freier Journalist, seit 1964 als Sportjournalist tätig. In seiner Jugend in Bayern als Schwimmer und Läufer aktiv.
Sein Text: Deutsches Springderby.

THOMAS KILCHENSTEIN, Jahrgang 1957, wollte Lehrer werden und studierte Deutsch, Soziologie und Sport, entschied sich als begeisterter, in seinen Fähigkeiten aber eingeschränkter Fußballer (größter Erfolg: Kreismeister mit dem Andy-Möller-Klub BSC 19 Frankfurt) jedoch für den Sportjournalistenberuf. Buchautor. Seit 1986 Redakteur der FR mit den Schwerpunkten Fußball, Turnen. Seine Texte: Cup-Finale England, Fußball-Weltmeisterschaft.

WOLF GUNTER BRÜGMANN, Jahrgang 1946, geboren in Kiel und deshalb überaus anfällig für den Segelsport. Bei der "Kieler Woche" lange als Stützpunktleiter für die Nordischen Folke-Boote im Einsatz. Seit 23 Jahren im Dienste der FR.
Sein Text: Kieler Woche.

MARK OBERT, Jahrgang 1965. Während seines Soziologie-, Germanistik- und Politikstudiums seit 1988 journalistisch für die FR tätig, heute Redakteur. Handballer und Kenner der Galopp-Szene. Seine Texte: Grand National Aintree, Deutsches Galopp-Derby.

ERICH STÖR, Jahrgang 1935, Sport-Ressortleiter der Frankfurter Rundschau seit 1985, davor bereits seit 25 Jahren als FR-Redakteur (Fachgebiet: Motorsport) tätig. Als Aktiver zahlreiche Erfolge im Rallyesport.
Seine Texte: Rallye Monte Carlo, Mille Miglia, Großer Preis von Monaco, Internationale Friedensfahrt, 500 Meilen von Indianapolis.

Vierschanzen-tournee

Die Vierschanzentournee

In einer Wohnstube nahm alles seinen Anfang

Der Skispringer Jens Weißflog hat sich gewiß durch seine Olympiasiege von 1984 und 1994 „unsterblich“ gemacht, wie Sporthistoriker es gerne nennen, wenn gewöhnliche Worte für das Außergewöhnliche nicht mehr ausreichen. Den Ausnahmezustand aber hat Weißflog zum Jahreswechsel 1995/96 erreicht, als er zum vierten Mal die deutsch-österreichische Vierschanzentournee gewann, als er zum vierten Mal die größte Herausforderung bestand, aus dieser einzigartigen Wettkampfserie als Sieger hervorzugehen, bei der in neun Tagen vier völlig verschiedene Schanzen gemeistert werden müssen und praktisch jeden zweiten Tag ein Spitzenresultat gefordert ist. Es darf bei keinem der acht Wertungssprünge in den vier Tourneeorten Oberstdorf, Garmisch-Partenkirchen, Innsbruck und Bischofshofen viel schiefgehen, wenn einer die Gesamtwertung gewinnen will.

Die Vierschanzentournee wird immer mindestens in einem Atemzug mit den Weltmeisterschaften genannt, sie ist für jeden Springer, inzwischen selbst in Olympiajahren, ein Saisonhöhepunkt. Schon 1967 wurde sie von den Schreibern der Tournee-Chronik als „heimliche Weltmeisterschaft“ eingestuft, und nicht nur, weil ausnahmslos immer alles teilnimmt, was unter den Königen der Lüfte Rang und Namen hat. Die große Popularität der Tournee hat ihren Ursprung in der spektakulären Sportart einerseits, aber auch im günstigsten aller Termine andererseits: Sie lockt diese Massen von Zuschauern an die Schanzen und vor die Fernseher, weil um die Jahreswende herum der Rest der Sportwelt weitgehend ruht.

Es hätten sich die Gründer Helmuth Ziegler, Franz Rappenglück und Emmerich „Putzi“ Pepeunig im Jahre 1952 vermutlich nicht träumen lassen, daß aus ihrer Idee einst eine Veranstaltung wird, die Millionen (Zuschauer und Mark) bewegt. Ski-Idealisten hatten sich damals schon mehrfach zusammengesetzt, weil sie den deutschen und österreichischen Skispringern nach dem Krieg bessere Möglichkeiten für internationale Leistungsvergleiche schaffen wollten, waren denen ausländische Starts doch lange Zeit untersagt. Im Mai 1952 wurden sich die Vertreter der Klubs aus Innsbruck, Bischofshofen und Partenkirchen dann schnell einig. Aus Gründen der Parität wurde noch ein zweiter deutscher Skiclub gesucht und in Oberstdorf gefunden. Die ganze Administration wurde in der Wohnstube des Geschäftsführers Putzi Pepeunig durchgeführt. Die ausgehenden Poststücke mußten aus Ersparnisgründen dem Tiroler Landes-Sportamt zur Vergebührung übergeben werden. Damit waren wenigstens die nicht unbeträchtlichen Portospesen unter Dach. „Alle Abmachungen zwischen den Tournee-Partnerclubs wurden per Handschlag und ohne Niederschrift getroffen und stets wortgetreu eingehalten", heißt es in der Tournee-Chronik über den bescheidenen Anfang. Mitte der neunziger Jahre lag der Etat bei über zweieinhalb Millionen Mark, aus den Skikameraden von einst sind Geschäftspartner geworden, komplizierte Vertragswerke regeln die Zusammenarbeit.

Am 1. Januar 1953 beim Neujahrsspringen in Garmisch-Partenkirchen ging es dann endlich los, und wenn auch zunächst nur ein Teil der Weltelite in die Alpen kam, so feierten die Organisatoren doch eine großartige Premiere und starteten sofort die Planung für die Auflage Nummer zwei. Daß der österreichische Held Sepp „Buwi" Bradl als erster Sieger dann auch noch seinen Platz in der Tournee-Geschichte fand, ging den österreichischen Veranstaltern besonders ans Herz.

Schon im Dezember darauf gerieten die Tournee-Macher allerdings in kolossale Schwierigkeiten, und die sollten sich später wie ein roter Faden durch die Tournee-Geschichte ziehen. Bei herrlichstem Herbstwetter – es gab weit und breit keinen Schnee – mußten sie schweren Herzens am 28. Dezember absagen. Die österreichische Mannschaft hatte diese Nachricht indessen nicht mehr erreicht, sie reiste nach Oberstdorf, und siehe da: Mit ihr kam der Schnee. Ski-Club-Helfer und die Skispringer eilten flugs zur Schanze und nahmen die Schaufeln zur Hand, und noch eiliger wurde an alle anderen Skiverbände zwecks Rücknahme der Absage telegrafiert.

Die erste technische Revolution erlebte die Tournee zum Jahreswechsel 1954/55: Die Finnen waren unschlagbar geworden mit einem neuen Sprungstil (eigentlich hatte ihn der Schweizer Andreas Däscher eingeführt), sie legten die Arme eng an den Körper und streckten sie nicht wie die anderen nach vorn. So stellten sie nicht nur den Tournee-Sieger Hemmo Silvenoinen, sondern dominierten auch den Rest der Saison. Silvenoinen übrigens hatte sich ein Jahr später beim Neujahrsspringen ein Startverbot eingehandelt, er hatte die ganze Nacht durchgezecht, und nur drängende Bitten der ganzen finnischen Mannschaft erweichten seinen Chef: Der aber hat seine Milde nicht bereuen müssen, der verkaterte Silvenoinen bedankte sich mit einem Sieg.

Es soll die Qualitäten Max Bolkarts nicht schmälern, aber als er 1959/60 drei Springen und die Gesamtwertung gewann, waren weder die Springer aus den Staaten des damaligen Ostblocks noch die aus Finnland und Norwegen dabei. Die Skandinavier – das war man damals in Olympiajahren fast gewohnt – schickten ihre Sportler in ein heimisches Qualifikationsprogramm für die Olympischen Spiele in Squaw Valley. Die aus der DDR aber hatten den Start untersagt bekommen aus Protest ihrer Regierung über die Weigerung der Veranstalter, die damals im Westen verbotene DDR-Fahne aufzuziehen. Und den Kollegen aus der Sowjetunion, aus Polen und aus der Tschechoslowakei wurde der Solidaritäts-Boykott auferlegt. Nach zähen Verhandlungen waren die DDR-Springer ein Jahr später wieder dabei, und der damals überragende Helmut Recknagel konnte sich nach 1958 und 1959 seinen dritten Tournee-Sieg sichern. Doch der Komplikationen war noch lange kein Ende, ein Jahr später verhinderte wiederum die Sperre des gesamten Sportverkehrs zwischen den beiden deutschen Ländern einen Start von Recknagel und Co. – kurioserweise durften die Springer zwar nach Oberstdorf anreisen, aber nur über die österreichischen Bakken gehen. Ein weiteres Mal erregte ihr DDR-Emblem Anstoß, und so wartete ein erneuter unfreiwilliger Verzicht, und selbst als nach diesen vier unruhigen Jahren alles wieder reibungslos zu funktionieren schien, setzte ein übereifriger Grenzbeamter in Mittenwald die Versöhnung aufs Spiel, indem er den Troß für mehrere Stunden nicht passieren ließ.

Zu Erfreulicherem: So manche sportliche Sternstunde erlebte die Tournee. Etwa die Phase der österreichischen Dominanz, die der Trainer Baldur Preiml in den siebziger Jahren einleitete, indem er – nur kurzfristig belächelt – mit ganz neuen Methoden ankam. Preiml war ein Tüftler, der nicht nur Ski, Schuhe und Anzüge zu optimieren suchte, sondern auch mit seinen psychologischen Tricks seine Leute stärkte und den Gegner verunsicherte. Es schockte die Skisprungwelt, wenn er seine Mannen in den Pausen öffentlich in Liegestühlen rasten ließ oder ihnen vor dem Sprung einen Löffel Honig einflößte, aber er verstand es wie kein zweiter, Siegeswillen zu wecken und Selbstvertrauen zu vermitteln, sein ÖSV-Team blieb über Jahre hinweg stark. Dem Norweger Björn Wirkola gelang bei der 17. Tournee 1968/69 als zweitem Springer nach Recknagel der dritte Gesamtsieg, und keiner konnte ahnen, daß es 22 Jahre dauern sollte, bis das wieder einem Sportler gelang. Aber dann kam Jens Weißflog, und weitere fünf Jahre später setzte er den neuen Rekord.

Im Wandel der Zeiten

1962/63, es war die elfte Tournee, waren sich die Experten einig, daß die Wandlung im Sprungstil als abgeschlossen betrachtet werden konnte. Der Sieger hieß damals Toralf Engen, und er flog in der Tat so, wie die Kollegen danach fast 30 Jahre lang. Die (bislang) letzte große Wandlung fand dann zwischen den Veranstaltungen Nummer 39 und 40 statt: Der Sieg des jungen Finnen Toni Nieminen bei der Vierschanzentournee des Jahres 1991/92 war der Durchbruch des V-Stils, die WM der Vorsaison hatte ein letztes Mal klassische Flieger bei bedeutenden Wettkämpfen siegen sehen. Es war aber nicht die erste Revolution gewesen, und die Vierschanzentournee hatte jede Wandlung mitgemacht. Der erste Sieger Bradl flog mit weit nach vorn gestreckten Armen, Olaf Brjärnstad breitete sie weit nach den Seiten aus, und nach und nach wurden sie immer näher an den Körper gelegt, erst vom Schweizer Andreas Däscher, dann von den Finnen. Allerdings sprangen Ende der fünfziger Jahre immer noch Springer, auch erfolgreiche, wie der Deutsche Recknagel mit Händen vor dem Kopf.

Die Vierschanzentournee war immer ein Vorreiter. Nicht nur in Sachen Sprungstil, sie war auch die erste nordische Veranstaltung, die ein Sponsor finanzieren half. Sehr früh, schon 1970/71, stieg eine Organisation des Sportartikel-Einzelhandels (intersport) ins Geschehen ein, nach der sie von da an auch die Tournee nannten, inoffiziell blieb sie aber immer die Vierschanzentournee. Seit Ende der achtziger Jahre blättert zudem die Vermarktungsagentur Marc Biver Development pro Jahr mehrere Millionen hin, und die Zukunft scheint rosig zu sein, auch wenn vor zwei Jahren ein heftiger Streit zwischen dem Ski-Weltverband FIS und den Veranstaltern ausgebrochen war; es ging natürlich um das liebe Geld, das an den Schanzen erwirtschaftet worden war. Er ist zwar vorübergehend ausgeräumt worden, aber die Verteilung der Erträge aus Sponsoren- und Fernsehverträgen wird in der Zukunft gewiß ein Dauerbrenner sein.

179 ▲

187 ▲

195 ▲

201 ▲

11 ▲

▶

23 ▲

29 ▲

35 ▲

43 ▲

Rallye Monte Carlo

Die Rallye Monte Carlo

1927 rollte plötzlich ein vollbesetzter Bus ins Ziel

„Eine Rallye wie die Monte Carlo ist das Größte, größer sogar als die Weltmeisterschaftt." (Walter Röhrl aus Regensburg, zweimaliger Rallye-Weltmeister und viermaliger Sieger der Monte.)

Die Rallye Monte Carlo also als das Größte, voller Begeisterung gelobt, aber doch auch ein Relikt der Vergangenheit; sie verkörpert auch heute noch jene Zeit, in der die wenigen Herrenfahrer den Motorsport dominierten. Und sie hatte von Anbeginn etwas eigentümlich Faszinierendes, weil das Fürstentum und die Spielbank eine Rolle dabei spielten, weil die Namen Côte d'Azur und Monte Carlo gesellschaftlichen Glanz und Glimmer versprachen.

Die offizielle Version schreibt Monsieur Alexandre Noghes, dem damaligen Präsidenten des Automobilclubs von Monaco, die Erfindung dieser Sternfahrt zu, weil er von einem Radrennen in Italien, bei dem die Teilnehmer aus allen Regionen des Landes in die Hauptstadt Rom strebten, inspiriert worden sei. Das mag wohl so sein; aber es spielten noch zwei andere Faktoren eine entscheidende Rolle. Die „Monte" findet immer im Januar statt, und der war damals wie heute ein Monat, in der die touristischen Geschäfte in Monaco trotz des relativ milden Klimas nicht so recht florieren wollten. Auch die Spielbank erhoffte sich durchaus noch den einen oder anderen gut betuchten Besucher, weil sich üblicherweise um diese Zeit reichlich Langeweile im Fürstentum ausbreitete. Und es war jene Periode, in der Automobilhersteller in aller Welt ihre Fahrzeuge in andere harte Wettbewerbe schickten, um die Zuverlässigkeit ihrer Produkte zu beweisen und damit auch den Umsatz zu steigern. Seit der Jahrhundertwende wurden überall schon Straßenrennen gefahren (insbesondere in Frankreich), es existierte schon die Targa Florio in Sizilien, auch viele Fernfahrten, darunter New York–Paris oder Peking–Paris, waren veranstaltet worden. Doch waren es in der Regel reine Rennen auf den Straßen, immer hatte es einen klar definierten Startpunkt gegeben, immer ein festgelegtes Ziel: Wer am schnellsten da war, hatte gewonnen.

Deshalb wohl stieß Alexandre Noghes bei seiner neu kreierten Wettbewerbsform zunächst nur bei wenigen Interessenten auf offene Ohren. Doch immerhin brachen 1911 aus fünf europäischen Städten 23 Automobile auf, um die verschneiten und damals schlecht passierbaren Alpenpässe zu meistern, vor knapp 100 Jahren eine gewiß andere Aufgabe, als heutzutage den Brenner zu queren. Schon ein Jahr später stieg die Teilnehmerzahl auf über 70, und einer der Startorte war St. Petersburg, und von dort nach Monaco waren 3260 Kilometer zu bewältigen. Da die Straßen völlig vereist waren, kam der Deutsche Andreas Nagel auf die pfiffige Idee, seine Reifen mit Stiften zu spicken, was in manchem historischen Rückblick auch als Geburtsstunde der Spikes-Reifen bewertet wird.

Abgesehen von solchen Randerscheinungen war die Rallye Monte Carlo zunächst ein eher gesellschaftliches Ereignis. Von Sport zu reden, wäre damals maßlos übertrieben gewesen. Spartanische Fahrzeuge waren unerwünscht, wichtigstes Kriterium war die noble Ausstattung der Karossen, Luxus sollte den Passagieren eine angenehme Langstreckenfahrt ermöglichen. Fast alle Wagen waren vollständig mit Familien besetzt, die sich der kalten Witterung in der Heimat entziehen und an der Mittelmeerküste erholen wollten, Vergnügen selbstverständlich inbegriffen.

Von zahlreichen Startpunkten durfte die Sternfahrt in Angriff genommen werden. Und das Wetter, unvorhersehbar wie immer, entschied meist über Sieg oder Niederlage. Wer unter heißer afrikanischer Sonne gestartet war, konnte in Spanien in eine unvorhersehbare Regenfront geraten, und es wird berichtet, jahrelang sei es keinem einzigen Teilnehmer gelungen, Griechenland zu durchqueren. Fahrer, die von schwierigen Orten aus den Wettbewerb begannen, profitierten von Zusatzpunkten in der Wertung. So gab es für den Startort Athen immerhin 1000 Pluspunkte, für Bukarest 935, für Tallinn 910. Und die Leistung bestand in einer Zeit, als es weder Wagenheizungen noch Frostschutzmittel gab, vor allem darin, das Fürstentum Monaco überhaupt zu erreichen.

Wenn sich die Angekommenen an den Hotelbars trafen, wurden abenteuerliche Geschichten erzählt; jene von den in Bukarest Gestarteten, die unglaublich hohe Summen ausgeben mußten, um ihre im Schnee steckengebliebenen Autos von Bauern wieder freischaufeln zu lassen. Ein Mitfahrer berichtete den staunend lauschenden Hotelgästen davon, wie er unterwegs in den Acker gerast war, erst nach stundenlangen Bemühungen wieder flottkam, auf die Straße zurücksetzte und von einem anderen heranbrausenden Teilnehmer prompt wieder ins Feld katapultiert wurde.

1927 sorgte ein Witzbold für reichlich Wirbel, als er mit einem Omnibus und zwei Dutzend Freunden an den Start und nach einigen tausend Kilometern Fahrt ins Ziel rollte. Dank einer komplizierten und heutzutage kaum nachvollziehbaren Index-Wertung wurde er Achter und erhielt einen Sonderpreis. Sein seltsames Gefährt war aber Anlaß für weitere Regeländerungen.

Richtig sportlich wurde die Rallye Monte Carlo erst nach dem Zweiten Weltkrieg, vor allem, weil immer neue Autohersteller die enorme Werbewirksamkeit in der Epoche der heraufdämmernden Massenmotorisierung erkannten, zumal weiterhin in verschiedenen europäischen Städten gestartet wurde. Das ergab eine enorme publizistische Wirkung, und für viele Fahrer wurde der Sieg bei der „Monte" wichtiger als alles andere.

Für die Fans, die sich zu Tausenden in den französischen Seealpen versammelten, waren die inzwischen geschaffenen Sonderprüfungen, bei denen auf Bestzeit gefahren wurde, die großen Höhepunkte. Besonders die nächtliche Passage über den Col de Turini lockte Jahr für Jahr Zehntausende an, weil hier die spektakulärsten Drifts der Fahrer zu sehen waren. Stundenlang standen sie dann da, warteten auf die gleißenden Scheinwerfer in der Nacht, hüllten sich in Anoraks und Decken, wärmten sich mit Alkohol, beförderten auch schon mal – sehr zum Ärger der betroffenen Fahrer – einen Haufen Schnee auf die Fahrbahn, wenn der Gegner ihres eigenen Lieblings zu erwarten war. Doch dürften diese Zeiten vorbei sein; zuletzt würde nur noch am frühen Abend – und nur noch einmal – über den Turini gefahren; doch soll das wieder geändert werden.

Außergewöhnliche Rallye-Fahrzeuge spielten bei der „Monte" oft eine dominierende Rolle. Als die Deutschen Walter Röhrl und Christian Geistdörfer 1983 mit dem Lancia 037, einem fast reinrassigen Rennwagen, die Rallye gewannen, hatten sie Power und Zeit genug, um auf einer 26 Kilometer langen Sonderprüfung nach vier vereisten Kilometern auf Anweisung des Teamchefs Cesare Fiorio die Räder samt Reifen zu wechseln, weil die restliche Strecke von 22 Kilometer Länge schnee- und eisfrei war. Obwohl sie eine Minute und zehn Sekunden für den Wechsel benötigten, gewannen sie diese Sonderprüfung mit rund eineinhalb Minuten Vorsprung vor ihren

Konkurrenten. Ein Reifen-Roulette – auch das ist typisch für den heißen Ritt durch die Seealpen.

Die Rallye Monte Carlo war zwar lange die berühmteste Rallye der Welt, nicht aber unbedingt die beste; doch ein Sport-Klassiker par excellence ist sie allemal, auch wenn die sternförmige Anfahrt – lange bei Gegnern und Befürwortern in der Kritik – inzwischen abgeschafft worden ist. Alle Teilnehmer starten ab 1998 direkt vor Ort. Neu ist, daß jeweils zu Beginn oder am Ende der Rallye auf der Formel-1-Strecke in Monaco Sonderprüfungen absolviert werden. Ob das auf Dauer so bleibt, ist fraglich. Fraglich ist auch, ob die „Monte" mit diesen Neuerungen noch die „Monte" bleibt, so wie sie von vielen Fans geliebt wurde. Anzeichen sprechen dafür, daß die Rallye langsam aber sicher ihren einst legendären Ruf verliert.

Die Erfolgreichsten

Nach den beiden ersten Wettbewerben der Rallye Monte Carlo in den Jahren 1911 und 1912 erfolgte eine zwölfjährige Pause, vor allem bedingt durch den Ersten Weltkrieg. Wegen des Zweiten Weltkrieges gab es zwischen 1939 und 1949 keine Rallye; 1974 wurde der Wettbewerb wegen der Ölkrise abgesagt.

Der erste Sieger war der Franzose Rougier auf einem Turcat-Méry, dem Wagen eines kleinen Herstellers, der der Weltwirtschaftskrise zum Opfer fiel und nur bis 1928 existierte. Rougier war in Paris gestartet, benötigte gut 28 Stunden, und fuhr eine Durchschnittsgeschwindigkeit von 36,2 km/h. Bis Anfang der 50er Jahre dominierten Fahrzeuge von Hotchkiss und Delahaye, Firmen, deren Produkte ebenfalls schon lange vom Markt verschwunden sind. Erfolgreichste Marke ist Lancia. Die Turiner Autoschmiede gewann 13mal die Rallye Monte Carlo, davon 1986 mit dem Delta S4 und in den Jahren von 1987 bis 1990 viermal nacheinander mit dem Delta Integrale. Die meisten Fahrer-Siege verbuchten Sandro Munari (1972, 1975, 1976, 1977) sowie Walter Röhrl (1980, 1982, 1983, 1984). Interessant, daß Röhrl jedesmal mit einem anderen Auto gewann (Fiat, Opel, Lancia, Audi). Einen deutschen Sieg gab es auch 1960, als Walter Schock und Rolf Moll auf Mercedes erfolgreich waren.

187 ▲

195 ▲

201 ▲

11 ▲

17 ▲

►

29 ▲

35 ▲

43 ▲

49 ▲

Hahnenkamm-Rennen

Das Hahnenkamm-Rennen

Herzflimmern und weiche Knie, das ist die „Streif"

Der Berg heißt Hahnenkamm. Ein Name wie geschaffen für „das" alpine Wintersportereignis. Alljährlich schwillt den Kitzbühelern im Januar buchstäblich vor Stolz der Kamm. Hier geht die Party-Post und die sportliche Schußfahrt ab wie in keinem anderen Ort des Weltcupzirkus. Die noble Marktgemeinde im Tiroler Unterland ist seit 1931 Schauplatz des Hahnenkamm-Rennens, das nicht nur die Ureinwohner für den bedeutendsten außerolympischen Wettbewerb in der kalten Jahreszeit halten. Es gibt Skiweltmeister wie den Schweizer Urs Lehmann, die belächelt werden, weil mehr die Launen der Natur zum Sieg beitrugen als eigenes Können und eigene Courage. Den Olympiasieger von Sarajevo, Bill Johnson, hat Österreichs Schußfahrt-Legende, Franz Klammer, respektlos „Nasenbohrer" genannt, weil der US-Amerikaner außer der Gold-Abfahrt 1984 kaum noch etwas Weltbewegendes auf die Ski brachte. Wer dagegen nur einmal die 3500 Meter vom Kitzbüheler Hausberg herab als Schnellster bewältigt hat, ist für alle Zeit sakrosankt gegenüber Hohn und Spott.

Das jedem Athleten und Wintersportinteressierten ehrfurchteinflößende Wort heißt „Streif". Der so harmlos klingende Streckenname läßt die Knie weich werden und die Herzen flimmern. „Die zehn Minuten vor dem Start sind die schlimmsten des ganzen Jahres", sagt der deutsche Abfahrer Stefan Krauss, der glaubt, daß „man zur Wildsau werden muß", um den Kampf gegen den Berg zu gewinnen. Günther Mader hat 1996 mit damals neuem Streckenrekord (1:54,29 Minuten) gewonnen und die erste Frage nach der vertikalen Talfahrt mit hechelndem Atem so beantwortet: „Ich bin froh, daß ich unten bin."

Diese Freude teilt der Österreicher mit allen Rennläufern und -läuferinnen, die seit nunmehr über 66 Jahren das Vergnügen hatten, das Ziel auf der „Rasmus-Leitn" zu erreichen. An und für sich macht der Hahnenkamm als Berg nicht viel her. Kaum 1700 Meter hoch, baumbedeckt und von zahlreichen Almwiesen durchzogen macht der Hügel einen eher harmlosen Eindruck. Doch hinter der Idylle verbirgt sich die schwerste Talfahrt der Welt. Viele haben die Herausforderung mit schweren Verletzungen bezahlt.

Der spektakuläre Sturz des Kanadiers Brian Stemmle 1989 an der Steilhangausfahrt hat sich tief ins Gedächtnis eingebrannt. Stemmle erlitt nach zahlreichen Überschlägen einen Beckenbruch, einen Darmriß und andere schwere innere Verletzungen. Mehrere Stunden flickten die Ärzte den „Crazy Canuck" wieder zusammen. Der Schock hat Stemmle, wie die ebenfalls schwer gestrauchelten Deutschen Bernie Huber und Stefan Krauss, nicht davon abgehalten, sich später wieder vom 55 Prozent steilen Startschuß in die unsichtbare Tiefe der Mausefalle (75 Prozent) zu stürzen. „Angst hab ich auch gehabt, sie muß nur überwunden werden", gibt Franz Klammer, mit vier Triumphen Rekordsieger, das Patentrezept erfolgreicher Talfahrer wieder. Der Kärntner hat mit seinen Seriensiegen auf der Streif 1975, '76 und '77 die rot-weiß-rote Alpenrepublik in einen weißen Rausch versetzt.

Strenggenommen besteht das klassische Hahnenkamm-Rennen ja keineswegs nur aus der berühmt-berüchtigten „Streif", sondern aus der Kombination von Abfahrt und Slalom. Daher finden sich auf der Ehrentafel auch die Namen der mehr dem kurzen Schwung zugeneigten Gustav Thöni (Italien), Andy Wenzel (Liechtenstein) und des Slalomkünstlers Phil Mahre (USA). Doch der Ruhm der Techniker, gleichgültig, ob sie sich nun als Kombinierer oder als Sieger des ebenfalls äußerst schwierigen Slaloms auf dem steilen Ganslernhang für immer in der Wintersporthistorie verewigten, verblaßt schnell gegen die scheinbare Unvergänglichkeit der Abfahrtsheroen. Die Deutschen Christian Neureuther und Armin Bittner waren Sieger in Kitzbühel, doch kaum jemand wird ihre Namen je mit „dem" Hahnenkammrennen in Verbindung bringen.

Bei Sepp Ferstl kräht der Hahn sofort. Der wilde Hund aus Hammer hat die Streif 1978 und 1979 gewonnen. Vor ihm war für den Deutschen Skiverband nur noch der Kleinwalsertaler Luggi Leitner in Kitzbühel (1965) erfolgreich. „Wennst Angst hast, brauchst erst gar nicht fahren, von der Streif darf man sich nicht einschüchtern lassen. Wer an sich zweifelt, scheitert und stürzt." Der Oberbayer würde heute noch „blind da runterfahren", weil jedes „Türl" (Tor) noch immer (fast) gleich sei. „Nur die Linie mußt hoalten, sonst verbremst di."

Hahnenkamm-Rennen

Was denkt der Sieger, wenn er unten und von bis zu 40 000 Zuschauern enthusiastisch gefeiert wird? Der Oberbayer lacht: „Nie mehr die Streif gewinnen." Denn, so erläutert der Fuhrunternehmer, Zeit, den Triumph zu genießen, habe man keine, weil „die Leit verrückt spielen" und Gott und die Welt den Siegreichen vereinnahmen.

Begonnen hat die große Sause mit dem Bau der Seilbahn 1928 auf den Hahnenkamm. Das erste Rennen gewann im Januar 1931 der Einheimische Georg Berger, der für die Fahrt ins Tal auf einer gänzlich anderen Strecke 12:28,6 Minuten brauchte. Zwischen 1934 und 1961 veranstaltete der 1902 gegründete Kitzbüheler Ski-Club auch Rennen für die Frauen. „Aber die Streif ist nix für Frauen, auf der Original-Abfahrt haben sie nix verloren", wehrt sich der einstige Ski-Star und heutige Rennleiter Toni Sailer so vehement gegen Rennläuferinnen in der einzig wahren Linie, als ob dadurch der Mythos der Strecke entweiht würde. „Da braucht man nicht drüber reden", sagt der zweifache Hahnenkammsieger und dreifache Olympiasieger ohne Umschweife. Für Kraft und Technik von Katja Seizinger und Co. sei der Streif-Schuß einfach zu kraß. Annemarie Moser-Pröll habe mal einen halben Tag mit den Männern mittrainiert und sei dann desillusioniert abgereist.

Nun – auch wenn sich der Schwarze Blitz von Kitz" mit der Emanzipation auf der Piste nicht anfreunden kann, so hat der winterliche Sport- und Partytreff doch eine Menge mit dem „Geschlechterkampf" zu tun. Der Ski-Zirkus tanzt in Kitzbühel nicht nur auf der Piste. Das Schweizer Kraftwerk Roland Collombin strich zu seiner aktiven Zeit gerne nächtens um die lüftlbemalten Häuser und stellte seinen früh zu Bett gehenden Teamkollegen zum Frühstück schon mal eine bis dahin gänzlich unbekannte Dame vor. Collombin gewann zweimal, Frühschläfer Bernhard Russi nie.

Alljährlich fällt gerne just zur Zeit des schwellenden Hahnenkamms die Münchner (und andere) Schickeria in den alpinen Vorort ein. Die spektakuläre Steilfahrt treibt auch den Pauschaltouristen und den trinkfreudigen Skisportfan ins Kitzbüheler Tal. Beim Flanieren durch die Party-Zone streifen sich also der skalpierte Nerz und sein armer Verwandter aus Ostfriesland. Für die „Adabeis", österreichischer Schmäh für die, die immer dabei sind, heißt es, zwischen Schampus-Schenken und Bierdosen-Gaudi nicht den Überblick zu verlieren. In der Disco Take-Five trifft sich die Prominenz (Niki Lauda und andere) auf Einladung von Graf Alexander Czernin zur Super-Hahnenkamm-Fete, vor der „Tenne" ist der Türsteher weniger grantig, dafür aber genauso unerbittlich gegenüber jenen, die gerne auch mal dabeisein möchten. Gulaschsuppe beim Präsidenten der Wirtschaftskammer, Cocktail mit dem Sportminister, Brettl-Jause vom Landeshauptmann, hier ein Busserl, dort ein Handkuß – Hahnenkamm-Rennen in Kitzbühel, das ist (Sport-)Kultur auf allerhöchstem Niveau. Schließlich hat die Geigenvirtuosin Anne-Sophie Mutter 1989 zwischen dem Abfahrtslauf und dem Slalom die Hochzeitsglocken für sich läuten lassen.

„Es geht halt fast nur grad obi"

Als Toni Sailer sich Mitte der 50er Jahre in die weiße Hölle Streif stürzte, wurde die Talfahrt des Kitzbühelers noch nicht von doppeltem Netz und einfachem Fangzaun begleitet. „Wir sind bei Nebel, Regen und Wind gefahren, eben bei jedem Wetter, und die Verantwortung lag allein bei uns." Als Rennleiter des Hahnenkamm-Rennens müßte Sailer heutzutage wohl mit einer deftigen Gefängnisstrafe rechnen, ließe er die umfangreichen Sicherheitsbestimmungen außer acht. Zehn Kilometer Sicherheitszaun, Schaumstoffmatten, die sich auf eine Länge von zwei Kilometer addieren, und zusätzlich gut einen Kilometer Sicherheitsnetze muß der örtliche Skiklub jetzt alljährlich gut über den Sommer bringen.

Schon gleich zu Beginn der 3500 Meter langen Strecke brauchen die Rennläufer Mut und Selbstvertrauen. Es kostet einige Überwindung, sich vom Startschuß in die scheinbar bodenlose Mausefalle mit immerhin 75 Prozent Gefälle und dem anschließenden Ski-Flug über fast 50 Meter zu katapultieren. Über die Kompression geht es in den technisch schwierigen Teil des Steilhanges mit der S-Kurven-Kombination. Von den Fernsehzuschauern unbemerkt, können sich die Athleten eine kurze Atempause in den Gleitstücken Brückenschuß und Gschößwiese gönnen – Schnelligkeit ist hier vor allem eine Frage des Materials. Die riskante Schrägfahrt durch die „Alte Schneise" beendet abrupt das Verschnaufen. Seidlalm und Lärchenhang bieten dann den Kurvenspezialisten die Chance zu zeigen, was sie draufhaben. Jetzt sind die Oberschenkel blau und das Blut sauer, aber über Hausbergkante und die Querfahrt über das blanke Eis geht es noch zum Zielsprung und die Kompression. Bei Spitzengeschwindigkeiten nahe an die 150 km/h rast der Puls noch lange über die Lichtschranke hinaus.Der Anspruch an hohes technisches Können und der Zwang, über weite Teile der Streif tatsächlich Schuß, das heißt die direkte Linie talwärts zu fahren, machen nach Ansicht von Toni Sailer die Streif zur schwersten Abfahrt der Welt. „Es geht halt fast nur grad obi."

195 ▲

201 ▲

11 ▲

17 ▲

23 ▲

35 ▲

43 ▲

49 ▲

55 ▲

Super-Bowl

Super Bowl im Football

„Broadway Joe" und ein Stück amerikanisches Leben

Mit „Broadway Joe" hat im Grunde alles erst richtig angefangen. In der Woche vor dem Endspiel sagte er: „Wir schlagen die Colts. Ich garantiere das", und das war blasphemisch, lächerlich und ungehörig. Blasphemisch, weil die Colts sich sportlich in überirdischen Regionen bewegten, lächerlich, weil die Buchmacher einen Wettgewinn bei einem Sieg der Colts nur ab einem Vorsprung von mehr als 18 Punkten garantierten, und ungehörig, weil es sich grundsätzlich nicht schickte, als Beteiligter solche Voraussagen zu machen – damals jedenfalls nicht. Damals war: 12. Januar 1969, Endspiel um die Football-„Weltmeisterschaft" zwischen dem Vertreter der National Football League (NFL) und dem der American Football League (AFL), den Baltimore Colts (NFL) und den New York Jets (AFL) in Miami.

Eine Formalität würde das Finale werden, eine Abfuhr für den Vertreter der nicht für voll genommenen AFL; *Sports Illustrated* tippte 43:0 für die Colts. Es wurde der Tag von „Broadway Joe", des Jets-Quarterbacks Joe Namath, denn ihm vor allem verdankten die New Yorker ihren 16:7-Erfolg. Namath orchestrierte die bis heute größte Sensation in der Geschichte jenes Endspiels im American Football, das 1969 (in diesem Jahr wurde O. J. Simpson Profi) zum dritten Mal stattfand – aber erst jetzt Super Bowl hieß, und im nachhinein in die römische Numerik eingereiht wurde: Super Bowl III.

Namath war für die konservativen Klub-Besitzer eine Provokation. Der Show-Bubi trug (verhältnismäßig) lange Haare und manchmal weiße Schuhe, scheute keine aufmerksamkeitsheischende Aktion und hatte es mit den Frauen, aber nicht mit der Ehe („Lieber gehe ich nach Vietnam als zu heiraten"). Doch „Broadway Joe", der sich in New York, der Medien-Metropole der USA, zum Tagesgespräch zu machen verstand, verdankten die Team-Eigentümer, daß ihr Sport, ihre Liga und vor allem der Super-Bowl einen

Schub bekam und zu einem Publikums- und Geldmagnet ohnegleichen im Sport wurde, zur „großen amerikanischen Pause", wie das Magazin *Time* den „Super Sunday" nennt, jenen letzten Sonntag im Januar, an dem weit mehr US-Bürger vor dem Fernseher das Football-Finale verfolgen, als an den Präsidentschaftswahlen teilnehmen.

Football hat sich in den USA parallel zum Fußball in der Alten Welt entwickelt. Entstanden als modifiziertes Rugby, blieb American Football bis zum Ende des vergangenen Jahrhunderts ein Sport der Elite-Universitäten des Ostens wie Yale, Harvard, Princeton oder Cornell. Doch bereits im vornehmen akademischen Rahmen entpuppte sich die Sache als lukrativ. 1903 gab die Universität Yale für ihre medizinische, juristische und theologische Fakultät zusammen soviel aus, wie sie aus Spielen ihrer Quaker (so heißt das Yale-Team) einnahm. Während im Nordosten der Staaten die Industrialisierung begann und sich städtische Ballungsräume entwickelten, wuchs Football in Konkurrenz zum eher ländlich verwurzelten Baseball zum Sport der Arbeiterklasse heran, der „ein Abbild der harten, von strategischem Kalkül bestimmten, entschiedenen und auf den größtmöglichen Erfolg ausgerichteten Seiten des amerikanischen Lebens" war, wie der Politikwissenschaftler Andrei S. Markovits den Erfolg der Balgerei erklärte. Es bildeten sich Profiteams, und 1920 trafen sich im Autoladen von Ralph Hay in Canton/Ohio einige Geschäftsleute, um die National Football League (NFL) aus der Taufe zu heben, deren erster Präsident Jim Thorpe wurde, ehedem weltbester Zehnkämpfer.

Die Westausdehnung des US-Profi-Sports wurde erst durch die Intensivierung des zivilen Flugverkehrs möglich; die Reisezeiten sanken auf ein erträgliches Maß. 1946 nahm die NFL die Los Angeles Rams und die San Francisco 49ers auf. (Die Dallas Cowboys kamen beispielsweise erst 14 Jahre später dazu.) 1960 übernahm Alvin Ray, genannt Pete, Rozelle die Leitung der Liga (Commissioner heißt ein solcher Klassenleiter), der zwei Erfolgsfaktoren für unabdingbar hielt: Football mußte ins Fernsehen, und die TV-Erträge sollten unter den Klubs brüderlich geteilt werden. Der erste TV-Vertrag für die gesamte NFL brachte 1962 jedem Team 326 000 Dollar im Jahr ein. Heute kassiert jede der 30 NFL-Mannschaften das 200fache. Die bis 2005 laufenden nationalen Fernseh-Verträge summieren sich auf 18 Milliarden Dollar für acht Jahre, so daß jeder Klub jährlich 73 Millionen Dollar erhält.

Rozelle förderte auch die Fusion der konkurrierenden Klassen NFL und American Football League (AFL). Einigten sich die einstigen Gegner auch am 8. Juni 1966 auf eine gemeinsame Zukunft, so hießen die Endspiele von 1967 bis 1970 noch „NFL-Vertreter gegen AFL-Vertreter um die Weltmeisterschaft".

Obwohl Football als „America's Game" vermarktet wird, hat seine Vergangenheit nur wenig Anteil an den Mythen des US-Alltags. Dazu ist nicht zuletzt auch die Geschichte des Super Bowls noch zu jung. Der Jedermann-(und über Softball auch Jederfrau-)Sport in den Staaten ist seit reichlich 100 Jahren Baseball gewesen, und die verklärten Sport-Legenden heißen Babe Ruth und Ty Cobb und Cy Young und Joe diMaggio, und die schlugen den Ball oder warfen ihn. Andererseits verblüfft, wie binnen einer Generation die Veranstaltung Super Bowl weltweit zu einem Begriff geworden ist, wo doch die wenigsten Menschen einen solchen vom Football haben. Beim Super Bowl I (1967) im Coliseum von Los Angeles blieb noch ein Drittel aller Plätze leer. Nur elf Jahre später wurde das Football-Finale in London live in einige Säle übertragen. Super Bowl XX (1986) war ganz oder in Ausschnitten von Menschen in 59 Ländern zu sehen, mittlerweile sind es mehr als 150. Super Bowl XXVII (1993) ging allein live in 76 Länder.

Kein singuläres, jährlich wiederkehrendes Ereignis zieht die US-Amerikaner so in seinen Bann wie dieses Endspiel. Knapp 140 Millionen US-Bürger saßen bei der XXX. Auflage vor dem Schirm. 1996 lag der Preis für 30 Reklamesekunden während des Spiels bei etwa einer Million Dollar. Doch die großen Firmen reißen sich nicht nur um die teuerste Zeit, sondern lassen Agenturen mittlerweile Spots eigens für den Super Bowl kreieren, die im Auftrag der Zeitung *USA Today* von Fernseh-Zuschauern benotet werden, worüber wiederum andere Blätter berichten. Hillary und Bill Clinton wählten die Zeit nach der Übertragung von Super Bowl XXVI für die telegene Besprechung ihrer Ehe-Probleme, wohl kalkulierend, daß zu diesem Zeitpunkt die meisten Menschen vorm Fernseher sitzen würden.

Der Super Bowl ist ein Selbstläufer. Die vielen langweiligen Endspiele der vergangenen Jahre haben seine magnetische Kraft nicht schmälern können. Wie die Finalteilnehmer heißen, ist unwichtig. Die NFL inszeniert ihren Saisonhöhepunkt aufwendig. Am Freitag abend gibt der Commissioner eine Party für etwa 4000 wichtige Geladene. Am Spieltag befördern ein Schwarm von Hubschraubern und Pulks von Stretchlimos VIPs ins Stadion. Tausende Besucher verbringen die Stunden vor dem Kick-off in Stadionnähe auf Festen, die von Sponsoren ausgerichtet werden. Die Städte reißen sich um einen Super Bowl, schwemmt er doch bis zu 200 Millionen Dollar in die lokale Ökonomie. „Broadway Joe" ist 1977 zurückgetreten, ohne seine Jets jemals auch nur wieder ins Halbfinale geführt zu haben. Die Wirkung seiner Leistung und seiner Person von 1969 bleibt historisch. Der Super Bowl ist kein Endspiel mehr, sondern ein nationaler Feiertag.

Ein Pokal von Tiffany

Den Begriff Super Bowl soll Lamar Hunt, texanischer Ölmillionär und Besitzer der Kansas City Chiefs, 1966 zum erstenmal benutzt und NFL-Boß Pete Rozelle ihn erst mal für zu großspurig gehalten haben. Entscheidende Partien zu Saisonende im College-Football heißen in den USA traditionell Bowls. Die erste ihrer Art war die Rose Bowl, ausgetragen 1902 in Pasadena (Kalifornien).

Ab Super Bowl VI bekommt der Sieger die Vince Lombardi-Trophy, benannt nach dem legendären Cheftrainer der Green Bay Packers. Die Firma Tiffany + Co. fertigt jedes Jahr aus Sterling-Silber einen neuen Pokal im Wert von etwa 10 000 Dollar.

Die Siegprämie für die Spieler betrug im zuletzt 48 000 Dollar. Die Verlierer bekamen 29 000 Dollar. Die Gewinner erhalten aber vor allem einen Finger-Ring, für jeden US-Profi die Auszeichnung mit dem höchsten Symbolwert.

Bisher gewannen die Teams der NFC 18mal den Super Bowl; 1998 siegte mit den Denver Broncos erstmals seit 1985 wieder einTeam aus der AFC.

Sportlich denkwürdig wurde der Super Bowl XXIII (1989). Joe Montana dirigierte in den letzten 190 Sekunden einen Angriff, der über 92 Yards ging, mit einem Touchdown-Paß zu John Taylor endete und den San Francisco 49ers den 20:16-Erfolg über die Cincinnati Bengals eintrug. Mit vier Super Bowl-Siegen – nicht eine Interception unterlief ihm in den Finals – ist Montana überhaupt der bedeutendste Spieler dieses Endspiels.

Auch der Auftritt von Doug Williams 1988 in San Diego ging in die Geschichte ein. Der Quarterback der Washington Redskins war der erste schwarze Spieler auf dieser Position, der einen Super Bowl gewann. Die Redskins machten bei dem 42:10 gegen die Denver Broncos 35 Punkte in nicht mal sechs Minuten reiner Spielzeit des zweiten Viertels: Williams warf in dieser Phase vier Touchdown-Pässe.

201 ▲

11 ▲

17 ▲

23 ▲

29 ▲

43 ▲

49 ▲

55 ▲

61 ▲

Davis-Cup

Der Davis-Cup

Die reinste Form des Gladiatorenkampfes

„Der Davis-Cup war für mich immer ein Traum. Der Traum, in einer Mannschaft für das eigene Land zu spielen. Das war es, was mir im Tennis immer gefehlt hatte. Und ich bin glücklich, daß ich einer jener bin, die ihm den Glanz zurückgeben konnten. Für mich ist es der Davis-Cup, der den Unterschied zwischen einem guten und einem großen Spieler ausmacht.“ (John McEnroe)

Am Abend des 26. Juli 1987 hat eine vierköpfige Gruppe junger Männer das Wort Rückschlagspiel denn doch ein bißchen falsch interpretiert. John McEnroe, Tim Mayotte, Ken Flach und Robert Seguso machten sich einen Sport daraus, das Mobiliar des angemieteten Saales im Sheraton-Hotel zu Hartford/Connecticut mit veritablen Vor- und Rückhandschlägen in seine Einzelteile zu zerlegen. 30 000 Dollar Schaden verursachte das sturzbetrunkene Quartett, das auf diese brachiale Weise den schweren Rückschlag zu verarbeiten versuchte, den das US-amerikanische Tennis wenige Stunden zuvor erlitten hatte. Trotz einer fanatischen wie chauvinistischen Menschenmenge im Civic Center unterlag das gastgebende Davis-Cup-Team in der „survival round“ gegen Deutschland 2:3, womit die USA aus der Weltgruppe absteigen mußte.

Des gewaltigen Endes hätte das zum „Überlebenskampf“ stilisierte Duell aber nicht bedurft, um in die Annalen einzugehen. Schließlich hatte sich drei Tage lang ein Tennis-Drama abgespielt, wobei allein John McEnroe und Boris Becker 6:39 Stunden lang ein ziemliches Stück an der Legende des prestigeträchtigsten und ältesten Mannschaftswettbewerbs der Welt strickten; und wären da nicht findige Statistiker gewesen, die sechs Jahre später die damals noch übliche Pause von 18 Minuten nach dem dritten Satz abzogen zur Ermittlung der Spielzeit, der 4:6, 15:13, 8:10, 6:2, 6:2-Sieg von Becker wäre eingegangen in die bald hundertjährige Geschichte dieses Klassikers als das längste Match. So aber konnte sich John McEnroe in dieser ganz speziellen Wertung doch noch als Sieger über Becker fühlen, denn des US-Amerikaners 9:7, 6:2, 15:17, 3:6, 8:6-Erfolg über den Schweden Mats Wilander 1982 hatte genau eine Minute länger gedauert.

Gleichviel: Kaum ein anderes Davis-Cup-Duell jedenfalls hat – zumindest aus deutscher Sicht – den Charakter des Nationenpokals im Tennis ähnlich umfassend darzustellen vermocht wie dieser Abstiegskampf auf Biegen und Brechen. Spannung, Mut, Einsatzwillen, Mannschaftsgeist, Nationalbewußtsein, Begeisterung und Emotion bis zur Hysterie – wären da nicht die bedenklichen chauvinistischen Entgleisungen von Spielern und Publikum gewesen, die die schon weiten Grenzen des Gewohnten noch überschritten, Dwight Filley Davis hätte bestimmt seine helle Freude gehabt an diesen drei Tagen im Sommer '87. Zumindest hätte sich der Erfinder und Namensgeber des Wettbewerbs nicht mehr ärgern müssen über mangelnde Aufmerksamkeit in den Medien. Das gewiß nicht.

Reisen bildet. Lesen auch. Bei dem Harvard-Studenten Davis im Sommer anno 1899 zumindest das emanzipatorische Bewußtsein. Damals war die Strecke von Kalifornien an die Ostküste schließlich nicht in wenigen Stunden zu schaffen, die wegen wiederholter Nahrungsaufnahme und Filmgucken heutzutage ja im Flug vergehen, und also hatte Dwight Filley Davis weiland reichlich Zeit zur Lektüre der Zeitungen. Der 20 Jahre alte Doppelmeister der Vereinigten Staaten, der zusammen mit den Kommilitonen Holcombe Ward und Malcolm Whitman sowie Hochschulchampion Beals Wrigth eine erfolgreiche Schautournee im Westen hinter sich hatte, war auf der Heimreise nach Boston, als ihn die Ignoranz der Presse in Fahrt brachte. Davis fand Meldungen über Golf, las einen Bericht über den America's Cup der Segler und erfuhr die Ergebnisse vom letzten Pferderenntag. Nur Tennis schien nicht gespielt worden zu sein. Aus lauter Frust faßte Davis den Entschluß, einen Ländervergleich ins Leben zu rufen, an dem die Zeitungen dann nicht mehr vorbeikommen würden.

Mit seinem Plan rannte der Sohn aus wohlhabendem Südstaatenhaus bei James Dwight, dem Präsidenten des US-amerikanischen Tennis-Verbandes, offene Türen ein. Im März 1900, zwei Monate nach der Einladung an den englischen Verband, gab die damals führende Tennis-Nation ihre Zustimmung zu dem Vergleich zwischen der Auswahl der „Britischen Inseln" und den USA. Der Davis-Cup, der zunächst „International Lawn Tennis Championship" hieß, war geboren.

Davis-Cup

Es hat der Legendenbildung gewiß nicht geschadet, daß die Amerikaner den Hochmut der favorisierten Gäste – die Spitzenspieler Reginald und Laurence Doherty hatten verzichtet und die Ersatzspieler Arthur Gore, Roper Barrett und Edmund Black sich auf die Matches vermittels eines strapaziösen Kurztrips zu den Niagara-Fällen vorbereitet – im folgenden August gleich bestraften und die Briten im Longwood Cricket Club zu Boston 3:0 besiegten (wegen heftiger Regenfälle wurde auf die beiden geplanten Schlußeinzel verzichtet). Es sollte auch typisch werden für die folgenden Jahrzehnte, in denen über ausgelegten Kuhmist, kreischende Zuschauer, gewässerte Plätze und vieles mehr gejammert wurde, daß die Verlierer für ihre Niederlage die Bodenbeschaffenheit und äußeren Umstände verantwortlich machten: das Gras sei viel zu hoch, das Netz praktisch nicht vorhanden und die Bälle viel zu weich gewesen. Adressat dieser Klagen war just auch jener Dwight Filley Davis, der sich mit der Idee wie mit der Stiftung des Pokals ein Denkmal praktisch für die Ewigkeit setzen sollte. Es fügte sich prächtig, daß Davis als Mitglied der siegreichen Mannschaft die Trophäe als erster triumphierend in die Höhe stemmen durfte.

Nachdem die „Britischen Inseln" im dritten Anlauf den Cup endlich nach England geholt hatten, beteiligten sich im Jahr 1904 statt den USA erstmals Frankreich und Belgien an dem neuen Wettbewerb. Beide Länder mußten, gewissermaßen in der erstmals gespielten Vorrunde, den Herausforderer des Titelverteidigers ermitteln, und Belgien unterlag im Finale den Briten 0:5.

Bis zum Beginn des ersten Weltkriegs nahmen auch Australien, Österreich, Kanada und Deutschland, das 1913 erstmals mitspielte, den Kampf um den Davis-Cup auf. Nach der vierjährigen Pause wegen des Krieges stieg die Popularität des Wettbewerbs steil an – 1929 nahmen bereits 29 Länder teil –, der seine ersten Helden gebar. William „Big Bill" Tilden führte die USA zwischen 1920 und 1926 zu sieben Titeln am Stück, danach beherrschten Frankreichs Musketiere (Jacques Brugnon, Jean Borotra, Henri Cochet, René Lacoste) die mittlerweile auch aus Ziegelmehl bestehenden Plätze. Von 1927 bis 1932 gewannen sie den Pokal, fünfmal im eigens errichteten Stadion Roland Garros zu Paris. Es folgte die sportliche Auferstehung des britischen Tennis, die untrennbar mit dem Namen Fred Perry verbunden ist, der Triumphzug des US-Amerikaners Donald Budge, dem 1937, ein Jahr vor dem Gewinn des Grand Slams, im Interzonenfinale gegen Deutschland ein legendärer Fünfsatzsieg über Baron Gottfried von Cramm gelang, ehe sich ab 1938 bis 1959 – unterbrochen durch die Kriegsjahre 1940 bis 1945 –

nur noch die USA und Australien im Finale gegenüberstanden. Die scheinbar unendliche Zweisamkeit war eine Folge des Krieges in Europa. Mit Harry Hopman als Kapitän gewannen die Australier 16 Titel bei 21 Teilnahmen am Endspiel, aber der Davis-Cup trotz oder besser gerade wegen der Ausnahmetalente wie Ken Rosewall, Rod Laver, Roy Emerson, Fred Stolle oder John Newcombe an Attraktivität. Schlimmer aber wog noch, daß die besten ihres Fachs spätestens 1968 ins Profigeschäft einstiegen, während der Weltverband für seinen Mannschaftswettbewerb immer noch dem Ideal des Amateurs nachhing. Von den 20 weltbesten Spielern waren 15 nicht zugelassen wegen ihres Status als Vertragsprofi, so daß der Davis-Cup zu einem zweitklassigen Turnier verkam. Erst 1973 hob die Internationale Tennis-Föderation (ITF) den Bann auf, nachdem sie auf die sportliche Langeweile schon durch eine Modusänderung ein Jahr zuvor reagiert hatte. Seither ist der Titelverteidiger glücklicherweise nicht mehr automatisch für das Finale gesetzt.

Ein Vierteljahrhundert später aber knabbert die professionelle Revolution wieder an ihren Kindern. Wohl avancierte der Davis-Cup, der nach den schweren sportpolitischen Krisen wegen der naiven Haltung der Funktionäre zu den Apartheidstaaten Südafrika und Rhodesien erneut vor dem Aus gestanden hatte, in den achtziger Jahren zu einem Millionengeschäft. „Ein Bengel aus New York gibt dem Davis-Cup den Lebenskuß" würdigte der Zürcher Sport den großen Beitrag von John McEnroe. Und dank des auch heute noch gültigen Modus mit Welt- und Qualifikationsgruppe, der Titelsponsorschaft eines japanischen Elektronikmultis und der enormen Fernsehgelder gerade auch als Folge des durch Boris Becker ausgelösten Tennis-Booms in Deutschland geriet der Davis-Cup für alle Beteiligten zu einer Gelddruckmaschine. Die aber verlangsamt ihr Tempo mittlerweile wieder, weil die totale Professionalisierung und Kommerzialisierung der Tennis-Tour den Top-Stars die Lust und Luft nimmt, um an dem irgendwie anachronistischen Länderkampf regelmäßig teilzunehmen.

Im Gegensatz zu ihren Vorgängern richten Top-Leute wie Pete Sampras oder Andre Agassi ihre Saisonplanung nicht mehr nach den Davis-Cup-Terminen, sondern leben in den Grand-Slam-Turnieren und anderen Individual-Wettbewerben ihren professionellen Egoismus aus. Da mit finanziellen Anreizen die Dollarmillionäre nicht mehr zu locken sind, werden immer wieder Vorschläge zu einer Reform der Davis-Cup-Form vorgebracht, häufig von den Spielern selbst. Eine Variante stammt von Pete Sampras, der nach verkündetem Teilnahmeverzicht für 1997 anregte, den Davis-Cup nur alle zwei Jahre auszutragen. Es gebe für die besten Profis einfach keine Pausen mehr.

Die ITF täte gut daran, diese Gedankenspiele ebenso zu verwerfen, wie sie die Vorschläge abschlägig beschied, den Davis-Cup binnen einer Woche auszutragen oder zwecks besserer Vermarktung im Rundensystem mit vier Vierergruppen durchzuführen. Schließlich war der Davis-Cup, den der Verband mit der Übernahme des Tie-Breaks bis auf den fünften Satz, der Abschaffung der Pause nach dem dritten Durchgang und den Vorschriften für die Platzbeschaffenheit ohnehin schon einiger charakteristischer Merkmale beraubte, seit fast einem Jahrhundert stets größer gewesen als die Spieler. Beliebigkeit statt Besonderheit bedeutete das Aus.

Die „häßlichste Salatschüssel der Welt"

Wer vom Davis-Cup spricht, der meint gemeinhin den Nationen-Wettbewerb. Eigentlich aber begrenzt sich des Wortes Bedeutung auf die Trophäe selbst, den von Dwight Filley Davis gestifteten und später nach ihm benannten Pokal. Nachdem Davis die Zustimmung des Tennis-Verbandes zur Durchführung des Länderkampfes gegen die „Britischen Inseln" hatte, ließ der Harvard-Student für 1000 Dollar von einer Bostoner Goldschmiede ein Unikat aus Sterlingsilber anfertigen, das 33 Zentimeter hoch war und 6,125 Kilogramm wog. Erst später wurde das Silberding, das den respektvoll-despektierlichen Ehrentitel „häßlichste Salatschüssel der Welt" erhalten sollte, auf einen monströsen Sockel aus verziertem Holz gesetzt. 18 Kilogramm wiegt das Gesamtkunstwerk, und entsprechend dem Gewicht nahm die Bedeutung des Wettbewerbs zu.

Als dem Pott der Unterbau noch fehlte, durfte auch Dwight Filley Davis den später nach ihm bekannten Pokal hochstemmen, denn zweimal trug er sich als Spieler in die Siegerliste ein. 1903, im Alter von 23 Jahren, verkündete er dann seinen Rücktritt vom aktiven Sport. 1923 wurde Davis Präsident des US-amerikanischen Tennis-Verbandes, 1925 Kriegsminister der Vereinigten Staaten. Vier Jahre später wurde er zum Gouverneur der Philippinen ernannt, ehe ihm 1932 Frankreich das Offizierskreuz der Ehrenlegion verlieh. Nach seinem Tod 1945 im Alter von 66 Jahren wurde er in Washington begraben, doch hat er im Tennis Unsterblichkeit erlangt.

Daß sich Mythen ranken um den Davis-Cup, liegt an dessen Modus, der sich seit 1900 im Prinzip nicht geändert hat. Das K.-o.-System läßt im

Zusammenspiel mit dem Heimvorteil Platz für Überraschungen, zumal ein einzelner Spieler wie Boris Becker 1988 und 1989 dank zweier Einzeleinsätze und eines Doppeleinsatzes den Wettbewerb quasi im Alleingang entscheiden kann. Ohne Becker, dafür mit Michael Stich gewann Deutschland 1993 die Schüssel zum dritten Mal. Außer Deutschland haben sich bislang weitere acht Nationen in die Siegerliste eingetragen: USA (31 Titel), Australien (26), Großbritannien (9), Frankreich (8), Schweden (6), Tschechoslowakei, Italien und Südafrika (je 1).

Heutzutage den Davis-Cup zu gewinnen ist allein schon wegen der mittlerweile 131 teilnehmenden Nationen wesentlich schwieriger als in früheren Jahren, als der Titelverteidiger automatisch gesetzt war fürs Finale. Freilich haben nur die 16 Mitglieder der sogenannten Weltgruppe die Chance auf den Triumph im laufenden Jahr. Unterhalb der Weltgruppe gibt es drei regionale Zonen (Europa/Afrika, Amerika, Asien/Ozeanien) mit Untergruppen. Der Erfolg wird nicht nur mit dem Aufstieg belohnt, sondern auch mit Prämien. 1998 wurden 9,6 Millionen Dollar Preisgeld ausgeschüttet. Da im Davis-Cup auf drei Gewinnsätze gespielt wird mit einem fünften Durchgang ohne Tie-Break, sind schon zahlreiche Matches gespielt worden mit legendärer Qualität. Dazu gehört zweifellos das Doppel-Match 1973 im Finale der Amerika-Zone zwischen den US-Amerikanern Smith/van Dillen, die das Spiel gewannen, den zweiten Satz gegen die Chilenen Cornejo/Fillol aber mit 37:39 abgeben mußten. Am längsten gegenüber standen sich John McEnroe und Mats Wilander. Nach einer Spielzeit von 6:22 Minuten verwandelte der US-Amerikaner im Viertelfinale 1982 den Matchball zum 9:7, 6:2, 15:17, 3:6, 8:6. Eine Kleinigkeit gegen die Zeit, die verstrich, ehe in der Auseinandersetzung zwischen Australien und Neuseeland 1976 der Sieger feststand. Nach drei Tagen und einer 2:1-Führung für Australien mußte der Vergleich des Wetters wegen unterbrochen werden, und erst 110 Tage später konnte John Newcombe in Nottingham den 3:1-Sieg sicherstellen.

Wasa-Lauf

Der Wasa-Lauf

840 000 kg Lebendgewicht in Bewegung, und die Erde bebt

Der erste Weg führte Per-Erik Hedlund und Sven Utterström nach der Siegerehrung des siebten Wasa-Laufs im Winter des Jahres 1928 zum Schmied. 90 Kilometer lang, vom Startort Sälen bis zum Ziel in Mora hatten sie sich auf den schmalen Langlauflatten einen erbitterten Kampf geliefert, keiner hatte nachgegeben, wenn der andere das Tempo anzog. Es kam, wie es kommen mußte: Sie waren 20 Meter vor dem Ziel, und das schönste Mädchen der Region Dalarna, das stets den Sieger empfängt, wußte immer noch nicht, welchen der beiden es nun gleich küssen sollte. Das sollte auch so bleiben, denn weitere 15 Meter weiter reichten sich beide die Hand und liefen gemeinsam hinein. Dummerweise hatten sie in Mora aber nur eine Gold- und eine Silbermedaille anfertigen lassen, und deshalb entschied das Los, daß Hedlund die goldene und Utterström die silberne Plakette bekam.

Zufrieden war damit weder der eine noch der andere. Und so gingen sie zum Schmied, ließen ihre Medaillen auseinanderbrechen und neu zusammensetzen, so daß jeder eine bekam, die zur einen Hälfte aus Gold und zur anderen aus Silber bestand. Es war die logische Konsequenz, sie hatten sich schon unterwegs so verhalten, wie es der wahre Sportsmann tut. Weil die harten 90 Kilometer nur durchzustehen sind, wenn man sich unterwegs mit der berühmten schwedischen Blaubeersuppe stärkt, bekamen unterwegs natürlich auch Utterström und Hedlund den köstlichen Trank gereicht. Utterström hatte die Schüssel als erster, darob war er natürlich schneller fertig als der Konkurrent, aber er nutzte diesen Vorteil nicht, sondern wartete, bis auch Hedlund genug getrunken hatte, und danach erst ging die wilde Jagd weiter.

Jener Zieleinlauf hat einen unter den 50 000 Zuschauern in Mora – weitere 100 000 säumen stets die Strecke – ganz besonders beeindruckt, einen Jungen namens Nils Karlsson aus Mora. Und zwar so sehr, daß er 19 Jahre später genau das gleiche tat: Er lief ebenfalls gemeinsam mit einem Kollegen durchs Ziel, mit Anders Törnquist, der wie er dem IFK Mora angehörte. Es war aber nicht Karlssons einzige große Tat, er hat den Wasa-Lauf neunmal gewonnen, und darüber hinaus hat er sich auch durch Siege bei anderen Langlaufrennen einen Namen gemacht, unter anderem als Olympiasieger 1948 über 50 Kilometer. Seine Erfolge haben ihm den „Künstlernamen" Mora-Nisse eingebracht, als der war er weltbekannt. 1943 startete er (und gewann) zum ersten, 1953 zum letzten Mal, nur 1944 belegte er Rang zwei, 1952 mußte er krankheitshalber passen. Danach machte Mora-Nisse den Platz frei für den ersten Sieger, der aus dem Ausland kam – die ersten 30 Jahre hatten ausschließlich Schweden beim Wasa-Lauf gesiegt. 1954 aber gewann Pekka Kuvajo aus Finnland, und natürlich hat ihm Nils Karlsson in Mora als Allererster gratuliert.

Ungefähr 400 Jahre zuvor hat Gustav Erikssen Wasa genau jene Strecke auf der Flucht vor dänischen Soldaten zurückgelegt, allerdings in umgekehrter Richtung, um über die nahe Sälen gelegene Grenze nach Norwegen in Sicherheit zu gelangen. Wasa hatte in Mora die Bevölkerung zur Befreiung Schwedens von der dänischen Herrschaft zu gewinnen versucht, doch die reagierte zögerlich. Nach reiflicher Überlegung aber schickten sie Wasa zwei ihrer besten Skiläufer hinterher, die ihn in Sälen eingeholt und zur Umkehr bewegt haben: Es war der Beginn des Freiheitskampfes und damit praktisch der des schwedischen Reichs. Gustav Wasa wurde ein Jahr später zum König Gustav I. gekrönt. 1921 hat der Journalist Anders Pers den Lauf zur Erinnerung an dieses Ereignis ins Leben gerufen. Im März 1922 standen 119 Männer am Start in Sälen, 117 haben das Ziel erreicht, als erster Ernst Alm, der nach 7:32,49 Stunden Mora erreicht.

Inzwischen sind es jeweils ungefähr 12 000 Menschen, die sich traditionell am ersten Märzsonntag um 7.45 Uhr auf den beschwerlichen Weg machen. Die Massen müssen ihren Laufqualitäten gemäß in Startgruppen eingeteilt werden, sonst würde man der Menge überhaupt nicht mehr Herr. Pro Gruppe sind es sechs bis 12 Reihen von Läufern, dazwischen liegt jeweils ein kleines Stück freies Feld. Die Spitzenläufer haben praktisch freie Fahrt nach vorn, aber bei denen, die weiter hinten postiert sind, herrscht eine große Aufgeregtheit, es gibt gewaltige Positionskämpfe, so, als ginge es um einen 5000-m-Lauf, und nicht, als stünden 90 lange Kilometer bevor. „Ehe du einen Schritt nach vorne gemacht hast, rennt dich schon die hintere Gruppe über den Haufen", sagt ein Zeitzeuge über den Start. Ähnliche Tumulte spielen sich erst wieder auf dem letzten Kilometer ab, wenn jeder im Endspurt unbedingt noch einen Mitläufer überholen will. Zwischen diesen beiden hektischen Abschnitten aber liegen 88 mehr oder weniger geruhsame Kilometer, geruhsam, was das Tempo der breiten Masse betrifft, gemütlich sei es aber trotzdem nicht, sagen die, die es wissen, „der innere Schweinehund läuft immer mit".

Aber es soll auch wunderschöne Momente geben, etwa der, wenn die Kilometerangaben über die noch zu laufende Strecke plötzlich einstellig sind. Oder wenn bei einer kleinen Pause nicht nur der Blick auf den Dalävfluß lockt, sondern auch kleine Pausen mit der unumgänglichen Blaubeersuppe, die eigentlich eher rot ist denn blau. Rot ist rund um die Verpflegungsstellen deshalb auch der Schnee: Natürlich schlabbern die Läufer das rote Zeug eilig in sich hinein, mancher bibbert vor Kälte dabei, mancher vor Schwäche auch, und entsprechend sehen Münder, Bärte, Anzüge aus und natürlich auch der Schnee. In Evertsberg, wo der nahrhafte Saft zum vierten Mal gereicht wird, ist Halbzeit (seit einigen Jahren stehen natürlich zusätzlich Mineraldrinks bereit, aber nie würde deshalb auf das Nationalgetränk verzichtet werden). Wer ungefähr acht Stunden für die ganze Strecke braucht (was etwa das Maß für die Plätze 7000 bis 8000 ist), der hat jetzt die Chance, vor einem Fernseher die Besten ins Ziel laufen zu sehen. Im Jahre 1986 war das etwa der Schwede Bengt Hassis, der nach unglaublichen 3:48,55 Stunden in Mora ankam. Die Zeit ist auch heute noch Rekord, allerdings lief Hassis im freien Stil, und seit 1987 schreibt der Wasa-Lauf die langsamere klassische Technik vor. In der Regel rennt jetzt der Beste etwa vier Stunden, Hakan Westin, der Sieger von 1996, hat zum Beispiel 4:01,15 Stunden gebraucht, Michail Botwinow war 1997 gut 13 Minuten länger unterwegs.

Die ganze Region Dalarna spielt in der Zeit des Wasa-Laufs ein bißchen verrückt. Am Tag vor dem großen Tag werden in sämtlichen Sportgeschäften hektisch Ski präpariert, es werden ergänzend zur Ausrüstung Handschuhe, Laufanzüge, Pullover, Stirnbänder oder Mützen gekauft, und taucht ein Gerücht auf, welches Wachs am nächsten Tag besonders gut gleiten und steigen soll, so verbreitet es sich in Windeseile durch die ganze Region. Denn nicht nur die Orte Mora und Sälen sind überbevölkert in der Wasa-Lauf-Zeit, es werden sämtliche Betten auch der entlegensten Dörfer gebraucht. Viele müssen am großen Tag deshalb um drei oder halb vier Uhr aufstehen, manche machen gezwungenermaßen von Mora aus die 90-km-Tour rückwärts vorab schon einmal per Bus, und alle 12 000 werden letztlich angesteckt von der Aufregung rund um das Gelände, auf dem der Startschuß später knallt. Ein Thema ergibt sich deshalb automatisch: Es braucht natürlich auch gewisse sanitäre Anlagen für all die 12 000, die fiebrig des großen Ereignisses harren, und das ist eines der dunkelsten Kapitel des Wasa-Laufs. Wer den Gang hinter sich hat zu den improvisierten Toiletten unter Zeltplanen, notdürftig abgeteilt, „Bananenkisten gleich", so ein Beteiligter, der stellt sich überglücklich an den Start und vergißt in froher Erwartung all' diese Müh. Es kracht der Startschuß, 840 000 Kilogramm setzen sich in Bewegung, und die Erde bebt.

Der Wasa-Lauf

Es war sonnenklar, daß der Wasa-Lauf für Männer erfunden worden war. Es wäre keiner auch nur auf die Idee gekommen, daß das auch etwas für Frauen sei, deshalb hat man sich gar nicht die Mühe gemacht, ihnen den Zugang zu verwehren. Doch im zweiten Jahr hatte sich gleich die Turnlehrerin Therese Eliasson unter die Teilnehmer gemischt, und sie stand die 90 Kilometer – natürlich – auch locker durch. Aber was nicht sein sollte, das durfte auch nicht sein: Schnell haben die männlichen Veranstalter den Frauen danach den Start untersagt, um erst 60 Jahre später das Verbot wieder aufzuheben.

Es ranken sich viele Geschichten um jene Sportlerinnen, die sich – als Männer verkleidet – unter die Läufer gemischt haben im Lauf der Zeit. Hin und wieder wurde ein solcher falscher Mann entlarvt und prompt sofort aus dem Rennen genommen, manche(r) kam aber auch durch, etwa jener Sepp Bischof, hinter dem sich im Jahre 1969 die deutsche Läuferin Waltraud Nothaft verbarg. Auch die deutsche Langläuferin Marita Schleich aus dem bayrischen Peiting war 1975, während einer Skandinavienreise, dicht davor, den Wasa-Lauf illegal in Angriff zu nehmen. Doch sie hat verzichtet, sie wollte sich das Erlebnis nicht vermiesen lassen durch das unwürdige Versteckspiel mit der Gefahr des Entdecktwerdens und einem erzwungenen vorzeitigen Aus.

Wenigstens mußte sie den Verzicht nicht bereuen, denn im Winter 1981 zeigten die Veranstalter endlich Einsicht, und so hat sich ihr Traum dann doch noch erfüllt: Mit 186 anderen Frauen stand sie, ganz offiziell, in Sälen am Start, und nach knapp sechseinhalb Stunden kam sie als Achtbeste von ihnen wieder ins Ziel.

Holmenkollen-Spiele

Die Holmenkollen-Spiele

Jeder Skisportler möchte einmal in seinem Leben in Oslo starten

Es war Anfang der 30er Jahre, als ein gewisser Annar Ryen den Skilanglauf-Wettbewerb am Osloer Holmenkollen gewann. Sein Sieg hatte alle Gegner verblüfft, Ryen hatte nicht zum Favoritenkreis gehört, auch das fachkundige Publikum hatte ihn nicht auf der Rechnung gehabt. Nach seinem sensationellen Erfolg schockte er die anderen erst recht, als er ihnen zeigte, daß einer seiner Ski notdürftig mit einer Blechmanschette geflickt war. Die Kunde machte per Radio schnell den Weg durch das ganze Land, und was dann geschah, ist ein echtes Holmenkollen-Erlebnis: Am nächsten Tag wurden ungefähr ein Dutzend Paar neue Ski im Quartier des Siegers abgegeben, und aus dem ganzen Land gingen weitere Angebote ein, ihm neue Bretter zu schenken.

Es ist unter anderem diese Faszination, die von den norwegischen Zuschauern ausgeht, diesem idealen Sportpublikum, die dem Holmenkollen bis auf den heutigen Tag eine Sonderstellung im nordischen Skisport verschafft und ihn für Sportler derart attraktiv macht. Nicht umsonst hat – 1996 – der deutsche Skispringer Jens Weißflog den Holmenkollen zu seinem Abschiedswettbewerb erkoren, das gleiche hat übrigens auch der Kombinations-Olympiasieger Georg Thoma genau 30 Jahre zuvor getan. Der Holmenkollen ist immer noch etwas Besonderes, die Skisportler sagen, er sei das, was Wimbledon den Tennisspielern ist.

In dieser Märzwoche, anderswo werden gerade freudig die ersten Frühlingsboten begrüßt, treibt es die Osloer (und nicht nur die) hinaus aus der Stadt, hinauf auf den Hügel, von dem man einen wunderschönen Ausblick auf die Stadt genießt. Aber keiner kommt wegen des Blicks. Sie kommen, um ihrer Liebe zu frönen, und die gilt nun einmal uneingeschränkt dem Skisport. 100 000 sind es immer, vor allem beim sonntäglichen Skispringen, dem Höhepunkt. Wer hinten steht, der sieht den Springer nur als kleinen schwarzen Punkt, aber die Begeisterung schwächt das nicht. Sie wollen dabeisein, wenn die siegreichen Helden gefeiert werden. Schön, wenn die auch noch Norweger sind, aber wenn nicht, dann bejubeln sie eben die anderen. Bei den Olympischen Spielen 1952 am Holmenkollen eilte etwa der Schlußmann der finnischen Staffel weit voraus, der Norweger lag zurück, der Sieg war also den nördlichen Nachbarn sicher. Zaghaft stimmte ein Häufchen Finnen die eigene Nationalhymne an, und was machen die norwegischen Fans? Sie stimmen ein, so daß alsbald die finnische Hymne aus Tausenden von Kehlen durchs norwegische Skistadion schallt.

In Norwegen sagt man, der Mensch sei mit zwei Brettern an den Füßen geboren, und so ist es kein Wunder, daß der Skilangläufer hohes Ansehen genießt, vor allem, wenn er 50 km läuft. Und die meiste Achtung haben sie vor dem, der diese Strecke am Holmenkollen in Angriff nimmt, wo es besonders heftig auf und ab und um viele Ecken geht. Zu Zehntausenden lagern die Zuschauer stundenlang an den Strecken, viele sichern sich schon am Vortag ihren Platz und schlagen dort ihr Nachtlager auf, frühmorgens stimmen sie sich ein mit Tee und Schnaps, mit Musik und Gesang. Es ist ein Volksfest, es ist auch das Fest aller Osloer Studenten, die „an der Strecke stehen und Fez machen", so hat es der deutsche Skilangläufer Peter Zipfel formuliert. „Es ist Wahnsinn, wie sie dich durch die Runde schreien, sie prügeln dich regelrecht die Berge hoch", sagt Zipfel, den sie im Jahr 1977 zu einem ihrer Lieblinge auserkoren haben, da er mit 20 Jahren völlig überraschend im 50-km-Lauf Vierter geworden war. Der Holmenkollen-Zuschauer weiß es zu würdigen, wenn einem Mitteleuropäer derlei Überragendes gelingt. In einem anderen Jahr erwischte Zipfel einen miserablen Tag, er stieg vorzeitig aus, aber das nahmen sie ihm dann schon nicht mehr krumm. Auf dem langen Weg zurück („wenn man schon aufgibt, sollte man das wohl besser in der Nähe des Skistadions tun") feuerten sie ihn trotzdem aus vollen Kräften an, vor allem aber drängten sie ihm diverse Schlucke aus ihren Bechern auf, „da mußt du aufpassen, daß du nicht total betrunken im Skistadion ankommst".

Die Begeisterung des Volkes ist auch die der Königsfamilie. Holmenkollen-Skispiele, die der König nicht verfolgt, sind unvorstellbar. Harald V., seit 1991 im Amt, hat in diesem Punkt natürlich die Tradition seines Vaters Olav fortgesetzt. Der allerdings hatte seinem Sohn beim Holmenkollen trotzdem einiges voraus: Er nahm im Jahre 1923 am Springen teil und belegte den dritten Platz. Es war eines jener ganz schwierigen Springen auf dem sowieso schon schwer zu meisternden Bakken, der regelmäßig unerfahrene junge Männer „abwarf". Der Aufsprung war vereist, und ehe der Kronprinz an die Reihe kam, war schon mancher gestürzt, hatte sich auch dabei verletzt. Die Legende sagt, die entsetzten Hofbeamten hätten Olav zum Verzicht gedrängt, doch der Vater, König Haakon VII., habe mit folgenden Worten den Start durchgesetzt: „Können andere norwegische Jungen auf dieser Schanze springen, kann es auch mein Sohn."

Es ist der Traum jedes Skisportlers, wenigstens einmal am Holmenkollen zu starten, für den norwegischen zumal. Schon bald nach den ersten Spielen des Jahres 1892 waren 200 Teilnehmer auf der Schanze keine Seltenheit, so daß die Helden der Luft in unglaublicher Schnelligkeit den Absprunghügel hinuntergejagt wurden: Sobald sich abzeichnete, daß der Springer heil unten ankommen würde, wurde schon der nächste in die Spur gehetzt. Teilweise gingen drei Mann in der Minute über den Schanzentisch. Irgendwann mußte dem Einhalt geboten werden, und so wurde nach und nach immer strenger ausgesiebt. Es ging so weit, daß jeder Springer, der die berühmte Schanze meistern wollte, auch an der Kombination teilnehmen mußte; es gab eben nur einen Sprung-Wettbewerb, und wer im vorher stattfindenden 18-km-Langlauf nicht ins Ziel kam, hatte bereits die Zulassung verspielt. Nicht einmal bei einer Berühmtheit wie Birger Ruud wurde eine Ausnahme gemacht. Auch der bis heute unvergessene Olympiasieger (1932, 1936) hatte keine Wahl: Im gleichen Jahr, in dem er in Oberhof (1931) Skisprung-Weltmeister geworden war, hetzte man ihn am Holmenkollen erst einmal durch die widerspenstige Strecke in der hügeligen Landschaft Nordmarkens, ehe man ihn auf die Schanze ließ. Er quälte sich als Allerletzter ins Ziel, doch der Gedanke an Aufgabe verbot sich angesichts des Skispringens von selbst. Erst ein Jahr später wurde dieser harte Modus außer Kraft gesetzt und ein Spezialspringen eingeführt.

Selbst der traditionsreiche Holmenkollen also verändert sich. Schon im Jahre 1952, nachdem der Osloer Hausberg zur olympischen Stätte aufgestiegen war, schrieb Walter Kaps im offiziellen Standardwerk des deutschen NOK: „Die ‚Foreningen til Ski-idrettens fremme' (Vereinigung zur Förderung des Skisports) mußte in den letzten zwei Jahrzehnten manches Zugeständnis an die moderne Entwicklung machen." Sein Beispiel: Undenkbar sei es in früheren Jahren gewesen, Ergebnisse vor der Siegesfeier der Presse zu überlassen. Aber, so seine Erkenntnis, bei allen Anpassungen an die moderne Zeit sei der Holmenkollen doch seinen Grundsätzen treu geblieben, was dem kleinen norwegischen Volk auch in Zukunft eine führende

Rolle im internationalen Skisport sichern werde. Heute, 46 Jahre später, gilt das noch immer. Der Holmenkollen (womit Anlage und Wettkämpfe gleichermaßen gemeint sind) hat seine Sonderstellung, selbst in einem Jahr wie 1997, wenn kurz zuvor im eigenen Land Weltmeisterschaften bei ganz ähnlicher Stimmung ausgerichtet worden sind. Und so saß auch 1997 ganz Norwegen vor dem Fernseher (der Unterschied zu früher liegt nur darin, daß die Menschen damals am Radiogerät hingen), in den Osloer Zeitungen war seitenlang vom Holmenkollen die Rede, die Studenten zogen mit Sack und Pack nach draußen, so manches Geschäft war geschlossen, am Samstag und Sonntag fielen Skifans aus dem ganzen Land in überfüllten Eisenbahnzügen in die Hauptstadt ein, die Landesfarben Rot-Weiß-Blau ließen das Grün des Waldes fast verschwinden, und es war wie immer, wenn Holmenkollen ist: ein einziges Fest.

Das Heiligtum

Zehn Minuten mit der Stadtbahn aus dem Zentrum Oslos, und man ist am Heiligtum des nordischen Skisports angelangt. 1892 wurde die erste Schanze gebaut, die ließ Weiten bis zu 50 m zu. Bis heute wurde sie ungefähr 15mal umgebaut, vor allem für die Olympischen Spiele 1952, zuletzt für die Ski-WM 1982. Heute fliegen die Könner auf der Großschanze weit über 100 m. Die Weite aber ist es nicht, was die Faszination ausmacht, dem Langläufer wird schließlich der gleiche Respekt gezollt. Bis heute gilt der Holmenkoll-Becher (eine je nach Plazierung immer kleiner werdende Abbildung des Königs-Pokals, den der beste Kombinierer erhält) als eine der begehrtesten Auszeichnungen. Am Anfang war es eine rein norwegische Veranstaltung. Langsam trauten sich die ersten aus den Nachbarländern hinzu, später der Rest der Welt, 1909 wagten sich zum ersten Mal deutsche Skiläufer ins skandinavische Hoheitsgebiet, 1912 wurde Karl Böhm-Hennes Vierter in der B-Klasse der Kombination. Als erster Deutscher siegte der Skispringer Helmut Recknagel 1957, wenig später gelang Georg Thoma viermal hintereinander der Kombinations-Erfolg (1963 bis 1966).

Für Touristen ist der Holmenkollen auch im Sommer eine Attraktion mit seinem See im Schanzenauslauf, mit seinem Skimuseum, mit seinem Restaurant. Und mit seiner grandiosen Aussicht. Vor allem, wenn man auf den Anlaufturm hinaufgestiegen ist und die Achtung vor den Skispringern fast ins Unendliche gewachsen ist.

23 ▲

29 ▲

35 ▲

43 ▲

55 ▲

▶

61 ▲

69 ▲

77 ▲

83 ▲

Oxford – Cambridge

Ruderregatta Oxford – Cambridge

Der Wettstreit „Darkblue" gegen „Lightblue" ist angelsächsisches Kulturgut

Ein „totes Rennen" machte John Phelbs unsterblich. Es begab sich am 24. März 1877. Ein kühler, aber dennoch sonniger Frühlingstag, an dem jener John Phelbs den historisch verbrieften Überblick verlor. Ein gewissenhafter, konservativer Mann sei er gewesen, drum auch als Zielrichter des traditionellen Ruder-Duells zwischen den Universitäts-Teams von Oxford und Cambridge genau der richtige. Dumm nur, daß sein richterliches Urteil, getrübt vom allzu emsigen Genuß einiger Gerstenkaltschalen, nicht den Realitäten entsprach. Als sich die Boote dem Ziel im Westlondoner Vorort Mortlake näherten, stierte Cambridge-Fan Phelbs fernab des Treibens in sein Bierglas. Sturztrunken und seiner Sinne beraubt, entschied er später auf „totes Rennen" – mit fünf Yards Vorsprung für Oxford!

Derlei Anekdoten gibt es zuhauf über ein Ereignis, das für England typisch und traditionell ist, ein Ereignis, das mehr als nur ein Ruderrennen zwischen den Achterbooten der beiden Universitäten von Oxford und Cambridge ist, sondern gleichzeitig der Auftakt zur „social season". „The boat race", wie das Rennen einfach genannt wird, zählt zum Kulturgut der angelsächsischen Welt. Es zeigt England, wie es die Engländer gerne sehen würden: konservativ, elitär, ein Hauch chauvinistisch und „gentleman-like" eben, ganz dem im 19. Jahrhundert entstandenen Amateurgedanken verbunden. Eine Illusion, die nur für wenige noch den Realitäten entspricht. „The boat race" ist davon in der Neuzeit meilenweit entfernt.

Dank dem geschickten Marketing eines jährlich mehr als 600 000 Pfund in das Rennen investierenden englischen Gin-Brenners und dem staatlichen Fernsehsender BBC, der die Übertragungsrechte bereits seit 1938 besitzt, flimmert das Spektakel auf der Themse weltweit in die Wohnstuben, zählt in Großbritannien zu den „TV-Highlights" des Jahres und ist somit längst zum „big-business“ geworden. Allein auf der Insel sehen alljährlich etwa sieben Millionen Menschen via TV das allenfalls 18minütige Rennen im Frühjahr, weltweit sind es rund 460 Millionen Menschen in 160 Ländern, die den Klassiker zum Teil „live“ verfolgen. Zehntausende der 100 000 Menschen entlang der viereindrittel Meilen langen Strecke säumen bereits Stunden vor dem Start die Strecke entlang der Themse zwischen den Londoner Vororten Putney und Mortlake. Und nicht wenigen ergeht es wie dereinst dem legendären John Phelbs. „The boat race“ ist nämlich – und das freilich hören die Briten nicht gerne – wie so manch anderes gesellschaftliches Ereignis in „good old britain“ ein willkommener Anlaß für ein zügelloses Trinkgelage.

Vorbei sind die Zeiten, in denen britische Studenten in den Booten den Ton angeben. Die Angst der Konservativen im Lande, daß eine weitere urbritische Institution verloren gehen könnte, spiegelt sich auch in den Zeitungen wider. „Sollte das Bootsrennen nicht für die reserviert bleiben, die es erfanden ?“, fragte beispielsweise die konservative Londoner Times nach der 139. Auflage im Jahr 1993. Cambridge hatte nach sieben sieglosen Jahren erstmals wieder die Bugspitze vorne. Ein großer Tag für die Elite-Universität, die damit eine neue Ära einleitete und seither nicht mehr verlor und in der Addition aller Rennen mit 75 zu 68 Siegen führt (Stand 1998).

Die Schlagzeilen allerdings gehören seither nicht nur den Siegern, sondern vorrangig den „Nicht-Briten“ in den Booten von Oxford und Cambridge. „Eingekaufte“ Stars, die durch eigens eingerichtete Stipendien-Fonds angelockt werden, wie sich die rivalisierenden Universitäten stets gegenseitig vorwerfen. Bereits seit geraumer Zeit verstärken sich beide Teams durch Olympiasieger und Weltmeister, die weder Geld noch Zeit haben, als ordentliche Studenten die Kurse an den Universitäten zu besuchen. Eine neugeschaffene Stiftung in Cambridge beispielsweise vergab 1996 Stipendien in Höhe von etwa 12 000 Mark an zwei Ruderer, die sich sonst aus finanziellen Gründen nicht hätten einschreiben können. Darunter auch der US-Amerikaner und Harvard-Absolvent Ethan Ayer, der, so versichert der Kontrahent, eigentlich erst in Oxford um eine Immatrikulation gebuhlt haben soll, dann aber von Cambridge „abgeworben“ worden sei. Cambridge kontert – erhebt Vorwürfe gegen Dan Topolski. Oxfords Chefcoach soll in einem Brief zahlreiche ehemalige Studenten darum gebeten haben, daß sie den besten Ruderern einen Job garantieren und sie während der Vorbereitung auf das Rennen finanziell unterstützen sollten. Da paßt es freilich, daß sich beide Universitäten stets gegenseitig vorwerfen, ihren Ruderern die Abschlüsse zu erleichtern, indem sie ihnen den Besuch ausgesprochen leichter Kurse anbieten, die eigentlich nicht den strengen akademischen Anforderungen dieser beiden Universitäten genügen.

Der Professionalismus scheint nicht mehr aufzuhalten. Wen wundert's? Denn professionell ist auch der Aufwand, der um das Rennen getrieben wird. Ein halbes Jahr lang bereiten sich beide Besatzungen sechs Tage die Woche, sechs Stunden pro Tag auf das Ereignis vor. Angesichts dieses zeitlichen Aufwands stellt sich durchaus die Frage, wann die studentischen Ruderer in diesen sechs Monaten noch zum Studieren gekommen sind?

Und dennoch, für die traditionsbewußten Oldblues, wie die Ruderveteranen aus Oxford und Cambridge genannt werden, ist selbst ein Sieg ihrer professionellen Nachfolger immer noch das Größte. „Da haben 70 Jahre alte Männer Tränen in den Augen", erinnert sich der Deutsche Dirk Bangert, der 1993 im siegreichen Boot der Lightblues aus Cambridge saß und die großen Favoriten, die Darkblues aus Oxford mit ihrem englischen Olympiasieger und Weltmeister im Zweier, Matthew Clive Pinsent, abhängen half. Ihre Spitznamen verdanken die Crews quasi einem bereits lange zurückliegenden Zufall. 1836, sieben Jahre nach dem ersten Aufeinandertreffen, funktionierte Oxford einen dunkelblauen Schal kurzerhand zum Bootswimpel um. Cambridge wollte dem nicht nachstehen. Prompt sprang deren Schlagmann aus dem Boot und schnappte sich das hellblaue Stirnband einer verdutzten Zuschauerin.

Viele Geschichten und Geschichtchen ranken sich um die Rennen, deren Historie mit bedeutenden Namen verbunden ist. So saß dereinst ein gewisser Lord Snowdon, Ex-Ehemann von Prinzessin Margaret, im Cambridge-Achter des Jahres 1950 und auch Lord Bruce of Melbourne, einst Australiens Ministerpräsident, legte sich 1907 für Cambridge in die Riemen. Höchste Konzentration ist denn auch absolut vonnöten auf dem unruhigen Wasser der Themse. Schließlich muß der Steuermann – 1981 führte Susan Brown als erste Steuerfrau in der Geschichte des Rennens Oxford zum Sieg – erst einmal den rechten Weg finden über den Fluß, der zwischen Putney und Mortlake ein S beschreibt und obendrein recht unruhig werden kann. Einige Teams sind schon in die Fluten geplumpst. Letztmals widerfuhr 1978 Cambridge dieses Ungemach, 1912 ereilte selbiges Schicksal gar beide Boote – das Rennen wurde annulliert.

Die Vergangenheit steht gewissermaßen Spalier, wenn die Ruderblätter der beiden Teams in das Wasser der Themse eintauchen. Unmittelbar nach dem Start gleiten die Boote vorbei am traditionsreichen Fulham Football Ground, in dem einst Bobby Moore spielte, vorbei am verlassenen Lagerhaus des königlichen Warenhauses Harrods bis hin zu den Ruinen der Stag-Brewery auf Höhe des Ziels. Eine gemütliche Bootstour ist das Rennen nicht. Vielmehr eine schmerzvolle Erfahrung, ist die Distanz doch mehr als dreimal so lang wie bei einem Rennen über 2000 Meter.

An und auf der Themse ereigneten sich aber auch Tragödien, die auch Ausdruck der Rivalität und Spannung zwischen den beiden Universitäten sind: Oxfords Ruderer John Hebbes erlag 1992 während des Trainings einer Herzattacke, und BBC-Sportreporter Peter Jones starb vor lauter Aufregung während seiner Reportage, das Mikrophon in der Hand.

Britischer Snobismus

Das anekdotenreiche Spektakel, das ganz Großbritannien als Auftakt zum Frühlingserwachen stets mit großem Interesse verfolgt, entsprang Anfang des 19. Jahrhunderts einem typisch britischen Snobismus: Im Themse-Städtchen Oxford, schon damals vom studentischen Sein geprägt, gehörte das abendliche „pint of ale" im Flußpub „Ship's Inn" und das gerade in Mode gekommene Rudern zum guten Ton. Mit Nadelstreifen-Cut und Melone schufteten sich die intellektuellen Nachwuchs-Aristokraten nach dem allabendlichen thekenphilosophischen Seminar in ihren galeerenähnlichen Kähnen mit ihren klobigen Riemen heimwärts.

In jenem abgelegenen Pub reifte schließlich die Idee heran, die Erzrivalen aus Cambridge nicht nur zu Lande (Cricket), sondern auch auf dem Wasser der Themse zum Ruder-Wettstreit zu fordern. Charles Wordsworth, Oxford-Student und Neffe des englischen Poeten William Wordsworth, formulierte als erster die Herausforderung an die Adresse seines Freundes und Cambridge-Absolventen Charles Merival. Dereinst als freundschaftlicher Wettstreit gedacht, entwickelte sich „The boat race", wie die Briten dieses mittlerweile mediale Spektakel nur kurz und knapp nennen, nicht nur zu einem gesellschaftlichen Ereignis, sondern ist auch Ausdruck der großen Rivalität zwischen den beiden Universitäten.

Das erste Rennen wurde am 10. Juni 1829 auf der Themse bei Henley in der Grafschaft Oxfordshire gestartet. Erst seit 1845 rudern die rivalisierenden Elite-Universitäten Jahr für Jahr auf der viereinhalb Meilen und 374 Yards (6789 Meter) langen Themseschleife zwischen den beiden Westlondoner Stadtteilen Putney und Mortlake.

29

35

43

55

61

69

77

83

91

Grand National Aintree

Das Grand National in Aintree

Die Geschichte von Außenseitern und tragischen Favoriten beim Hindernisrennen

„Ich ritt gerade so dahin und stellte resigniert fest, daß ich trotz aller Anstrengungen keinerlei Boden gutmachte, als vor mir plötzlich alles anzuhalten schien." Nun, angehalten war zwar nicht das passende Wort, doch was Jockey John Buckinham 1967 in Aintree erlebt hatte, war so unverhofft geschehen, daß dem Mann auf dem Rücken des Pferdes vor Glück wohl kurzzeitig die Sinne schwanden. Sein Wallach Foinavon trabte beim Grand National abgeschlagen über die Galopprennbahn, und plötzlich stürzten weit vor ihm am 23. Hindernis alle Favoriten. Da packte Buckinham Foinavon bei den Zügeln, drosselte das Tempo, suchte sich einen Weg an liegenden und taumelnden Pferden und Reitern vorbei – und erreichte mit 13 Längen Vorsprung das Ziel.

Es war nach 1928, 1929 und 1947 der vierte 100:1-Außenseitersieg in der mittlerweile 158jährigen Geschichte des Grand National Steeplechase, des berühmtesten Hindernisrennens der Welt. Und es war ein Massensturz wie nie zuvor in Aintree. Von einem „Massensterben" sprach Sieger Buckinham später, von einem Favoritensterben ohnegleichen die Presse. In Aintree war es an jenem Tag wohl einzig glücklichen Umständen zu verdanken, daß keines der gestrauchelten Pferde ums Leben kam. Schon manch scheinbar glimpflicherer Sturz beim Grand National endete für die Tiere tödlich. Seit 1839 machten sich in 149 Rennen etwas mehr als 4000 Pferde auf die 7200 Meter lange Strecke mit den 30 Hindernissen, nur knapp ein Drittel erreichte das Ziel, etwa 85 stürzten und verletzten sich derart, daß sie auf der Bahn verendeten oder erschossen werden mußten. Klar, daß Aintree stets von Protesten der Tierschützer begleitet wird. Klar auch, daß die pferde- und wettverrückten Briten nicht im Traum daran denken, das Grand National abzuschaffen, wie die Gegner des Spektakels seit Jahr und Tag fordern. Schließlich ist das Rennen in der 40 000-Einwohner-Stadt Aintree bei Liverpool ein Ereignis von internationaler Bedeutung und den Traditionalisten und Patrioten ein Heiligtum.

Nachdem 1991 der 12:1-Außenseiter Seagram – ein Wallach, dessen Karriere vier Jahre zuvor wegen einer Beinverletzung beendet schien – ein höchst dramatisches Finish gewonnen hatte, als er, angepeitscht von Jockey Nigel Hawke, auf den letzten 200 Metern an dem müde gewordenen 7:1-Favoriten Garrison Savannah mit Jockey Mark Pitmann vorbeigeflogen war, ergriff den Autor eines Galoppsport-Magazins nationales Pathos – zumal der siegreiche Seagram den Namen des Hauptsponsors trug: „Pessimisten mögen sagen, daß dem Vereinigten Königreich nicht viel geblieben ist. Wir haben das Empire verloren, wir sind in der Europäischen Wirtschaftsgemeinschaft, wir importieren eine unergötzliche Menge an fremden Biersorten, und der Commonwealth ist ‚terribly common' (schrecklich gewöhnlich) – pah – was für eine Situation! Doch die noch etwas auf Treue geben: Erhebt Eure Gläser auf Seagram, auf daß wir zwar nicht die Meere regieren mögen, aber gewiß den Turf beherrschen."

Aintree beherrschen die Briten, was so sensationell nicht ist. Schließlich stammten die meisten Pferde, die das Grand National je gegangen sind, von der Insel. Das berühmteste unter ihnen ist zweifelsfrei Red Rum, das in den 70er Jahren dreimal gewann und zweimal Zweiter wurde. Heute erinnert eine Bronzefigur am Rande der Rennbahn an den legendären Wallach, dessen Tod im hohen Alter gleich zu Beginn vieler Nachrichtensendungen verlesen wurde. Red Rum liegt unter dem Zielpfosten begraben.

Zu tragischer Berühmtheit gelangte im Jahre 1956 Devon Loch, ein Wallach im Besitz der Königinmutter. 40 Meter vor dem Ziel lag er klar in Führung, rutschte ohne erkennbaren Grund aus, landete, alle viere von sich gestreckt, auf dem Bauch, rappelte sich wieder auf – und wurde doch von E.S.B. mit David Dick überholt. Vielen unvergessen sind die Bilder, die eine siegesgewiß lächelnde Königinmutter zeigten, bevor ihr vor Entsetzen die Gesichtszüge entglitten. Berühmt wurde auch der königliche Jockey Dick Francis, der nach dem Debakel heulend von der Rennbahn schlich. Kurze Zeit später veröffentlichte er seinen ersten Kriminalroman über – wen wundert's – die mysteriöse Niederlage eines favorisierten Pferdes in einem bedeutenden Rennen. Das Buch wurde ein Bestseller, und Dick Francis avancierte zu einem der populärsten Krimiautoren weltweit.

Geschichte(n) machten auch die ausländischen Steepler, wie Galopper für Hindernisrennen genannt werden. Beispielsweise Jay Trump aus den

USA, der 1965 den großen Favoriten Freddie aus Schottland hinter sich ließ, weil er und sein Jockey, der Amateur und Aintree-Debütant John Smith, das berüchtigte Hindernis „Becher's Brook" meisterten, während viele andere dort auf der Strecke blieben. Mochten sich die Laien wundern, die Fachleute staunten nicht über Jay Trumps Triumph. Der Achtjährige galt als Geheimfavorit und wurde auf Anweisung seiner betagten Besitzerin Mary Stephenson wie ein Staatsoberhaupt beschützt und bewacht. Für den Transport von seinem Stall in Lambourn ins 350 Kilometer entfernte Aintree wählte sie eine Geheimroute – damit der gute Jay Trump nach all der harten Trainingsarbeit nicht von „diesem britischen Geröchel" niedergerafft würde, womit die schrille US-Lady auf eine Keuchhusten-Epidemie in britischen Ställen anspielte, die den eigentlichen Topfavoriten Pappageno's Cottage ans Heu gefesselt hatte. Legendär auch der US-Wallach Tipperary Tim, der 1928 als 100:1-Underdog ins Ziel kam – und allein diesem Umstand seinen Sieg verdankte. Alle anderen waren ausgefallen, hingegen nutzte Jockey Bill Dutton die Langsamkeit seines lungenschwachen Tipperary Tim, der nur dank einer Luftkanüle atmen konnte, sich aber mit dem bedingungslosen Gehorsam eines treuen Brauereigauls über die Hindernisse quälte und endlich vor Erschöpfung wankend die Ziellinie passierte, worauf ein englischer Spötter bemerkte, da sei wohl gerade „America's limping legend", die humpelnde Legende, geboren worden.

Es sind jene Geschichten von tragischen Favoriten und glücklichen Außenseitern, die Aintree zum berüchtigsten Hindernisrennen der Welt werden ließen, ihm aber ebenso einen zweifelhaften Ruf einbrachten – auch unter Fachleuten. Bis in die 70er Jahre unseres Jahrhunderts hinein galten für die Pferde nur unzureichende Qualifikationskriterien, was zur Folge hatte, daß in Rennen mit 50 und mehr Startern zu viele schwache Pferde für Tohuwabohu sorgten und nicht selten die starken in Mitleidenschaft zogen. Schon von Beginn an waren es nicht allein tierliebe Gegner des Galoppsports, die das Grand National verdammten. 1829 hatte William Lynn, Besitzer des Waterloo Hotels in Liverpool, das erste offizielle Rennen in Aintree organisiert – noch ohne Hindernisse. Die wurden den Pferden erst von 1839 an in den Weg gestellt, und Lottery mit Jockey Jem Mason hieß der erste Gewinner des Grand National Steeplechase. Hippologe John Lawrence sagte seinerzeit über Hindernisrennen allgemein, er bedaure die Pferde, die dort starten und zwecklosen und unnützen Gefahren ausgesetzt werden. Ein Vorwurf, den die Veranstalter des Grand National nie entkräften konnten. Aber immerhin: Seit einem Vierteljahrhundert werden nur noch hochkarätige

Pferde zugelassen, Massenstürze sind seither selten, die Zahl der Todesfälle stark zurückgegangen, und – was für den Rennklub in Aintree sicher das Wichtigste ist – das Grand National hat bei den Experten wieder an Renommee gewonnen. Auch wenn der Goldpokal von Cheltenham als bedeutenderes Steeplechase angesehen wird. Dort geben sich, wie beim Galopprennen in Ascot, Upper Class und Adel ein Stelldichein, werden die neuesten Hutmoden vorgeführt. Das Grand National in Aintree, kaum eine halbe Stunde von der Arbeiterstadt Liverpool entfernt, ist und war stets ein Ereignis für jedermann. Selbstverständlich verpflichtet auch hier die Tradition, sind Jeans verpönt und Krawatten das mindeste, auch hier verzehren die im Schnitt 70 000 Zuschauer Lkw-Ladungen an Champagner und Lachs, aber auch an Bier und Wurstbrötchen. Und natürlich läßt auch und gerade das Grand National die Kassen der Buchmacher klingeln.

1997 setzten die Wettbüros auf der ganzen Insel weit über 200 Millionen Mark um, und „Martell Cognac", der Hauptsponsor, hatte ein Rekordpreisgeld von 675 000 Mark ausgelobt – schließlich war Jubiläumsjahr, die 150. Auflage. So blickte denn wieder ganz Großbritannien nach Aintree, die BBC durfte sich wieder einmal neuer Rekordeinschaltquoten erfreuen. Doch konnte sie an jenem ersten Samstag im April keine rennenden Pferde übertragen, sondern flüchtende Zuschauer. Kurz vor dem Start mußte die Tribüne geräumt werden – wegen einer Bombendrohung über Telefon, bei der Codewörter der Untergrundorganisation Irisch-Republikanische Armee (IRA) verwendet wurden. Die Polizei sprengte zwei verdächtige Pakete, konnte aber keine Bombe finden. Auch deshalb entschlossen sich die Veranstalter rasch, das Jubiläumsrennen zwei Tage später, an einem Montag, auszutragen.

Bei freiem Eintritt kamen noch einmal 20 000 Zuschauer, darunter Prinzessin Anne und John Major. Der oft als schwächlich verspottete Premierminister wählte kurz vor seiner Wahlniederlage gegen den Labour-Politiker Tony Blair noch einmal starke Worte, als er sich an das Publikum in Aintree wandte: „Die ganze Nation will, daß dieses Rennen ausgetragen wird. Niemand kann Großbritannien mit Bomben die Tradition verderben." Der Fortsetzung dieser Tradition wohnten weltweit mehr als 400 Millionen TV-Gucker bei. Sie sahen kein sonderlich spannendes Rennen. Zu überlegen geriet der Start-Ziel-Sieg des neuseeländischen Hengstes Lord Gyllene mit Jockey Tony Dobbin.

Vor sechzehn Jahren hatte Aldanti gesiegt. Auch dieser Erfolg wäre wohl als einer der unspektakulären in die Geschichte eingegangen, hätte auf dem Rücken des Wallachs nicht Bob Champion gesessen, ein Jockey, der zwei Jahre zuvor von den Ärzten aufgegeben worden war. Champion hatte an Streukrebs gelitten, Monate in Krankenhäusern verbracht, eine Rippe und einen Hoden hatten ihm die Ärzte entfernt. Niemals wieder, hatten sie ihm gesagt, würde er Rennen reiten können, schon gar nicht das Grand National. Er ist es noch einmal geritten – und Hollywood machte einen Film daraus.

Rund um den Rundkurs

Tierschützer protestieren jährlich gegen das Grand National in Aintree. 1993 sorgten sie für derart viel Unruhe, daß nach zwei Fehlstarts das Rennen annulliert wurde. Eines ihrer Argumente ist nicht zu entkräften. Was auch immer in Aintree verbessert wird: Jedes tote Pferd ist eines zuviel.

Entschärfungen im Laufe der Jahre: Es werden nur noch Pferde zugelassen, die mindestens sechs Jahre alt sind und sich in gutklassigen Hindernisrennen empfehlen konnten. Alle Jockeys sind professionell ausgebildet. Die Zahl der Starter wurde auf höchstens 40 begrenzt, Notausgänge für reiterlose Pferde angelegt, das Höchstgewicht verringert. Die Pferde können mittlerweile die Hindernisse wischen, da diese locker gestopft werden.

Das schwierigste Hindernis heißt „The Chair“: Nach einem 1,80 m breiten Graben folgt eine Weißdornhecke, die etwa 1,60 m hoch und 1,15 m tief ist. Berüchtigt ist auch „Becher's Brook“ mit einer Höhe von 1,50 m, einer Breite von einem Meter und einem 1,70 m breiten Graben. Schwierig ist „Becher's Brook“ auch, weil seine Landestelle 60 Zentimeter – Kritiker behaupten oft fälschlicherweise: zwei Meter – tiefer liegt als die Einsprungseite. Der Rundkurs wird zweimal geritten (Gesamtstrecke 7200 Meter), in Runde eins werden 16 Sprünge, in Runde zwei 14 Sprünge absolviert. Den Streckenrekord stellte 1990 der Wallach Mr. Frisk auf: 8:47,8 Minuten. Sein Jockey: der Sportjournalist Marcus Armytage. Als Titelverteidiger ging 1997 Rough Quest ins Rennen. Er war 1996 einer von nur zehn siegreichen Favoriten in diesem Jahrhundert.

35 ▲

43 ▲

49 ▲

55 ▲

61 ▲

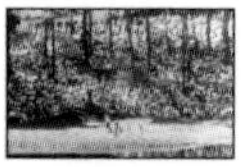

77 ▲

83 ▲

91 ▲

99 ▲

Golf-Masters Augusta

Das Golf-Masters in Augusta

Grüne Jacken in leuchtender Blumenpracht

Das grüne Jackett als Zeichen der Ehrenmitgliedschaft für den Sieger, der „Albatros" des Herrn Sarazen aus dem Jahr 1935 und die nach Blumen benannten Grüns sind die hervorstechendsten Merkmale des berühmtesten Golfturniers der Welt in Augusta (US-Bundesstaat Georgia). Sehr eigenwillige Einladungskriterien erhöhen den Reiz; auf die Frage nach dem bedeutendsten Ereignis des Jahres gibt es jedenfalls für Golfer nur eine Antwort: das Masters.

Seit 1934 steht dieses Turnier im Terminkalender – im Vergleich zu den British Open, die bereits seit 1860 ausgetragen wurden, eine eher kurze Zeit. Das Preisgeld war lange Jahre nicht unbedingt ein Lockmittel, denn im Vergleich zu anderen Turnieren wurde verhältnismäßig wenig Bares ausgeschüttet. Zudem veranstaltet der noble Golfklub von Augusta kein Championat, sondern lediglich ein Einladungsturnier.

Es gibt 14 Qualifikationskriterien, die aber nicht unbedingt verbindlich sind; zudem sind sie so gefaßt, daß manch gestandener Golfstar vergeblich auf eine Einladung wartet. Wer innerhalb der letzten fünf Jahre eines der anderen drei großen Turniere (US- und British Open sowie US-PGA-Meisterschaft) gewonnen hat, zählt zum erlesenen Feld. Auch der jeweils letztjährige US-Amateurmeister darf mit einer Einladung rechnen. Und wer unter den ersten 24 des Masters plaziert ist, erhält gleichfalls Post. Fein heraus sind die Gewinner des Masters, denn ein Triumph garantiert lebenslanges Startrecht.

Die verschiedenen Arten des Dramas, die auf dem theatergleichen Golfplatz aufgeführt werden, und eine herausragende Persönlichkeit sind weitere Gründe für den Mythos US-Masters. Robert Tyre „Bobby" Jones war der überragende Spieler der zwanziger Jahre; 1930 gelang ihm etwas Einzigartiges, denn durch Siege bei den für Amateure wichtigsten vier Turnieren (US- und British Open, US- und Britische Amateurmeisterschaften) gewann er den Grand Slam, der damals die eigenwillige Bezeichnung „Impregnable Quadrilateral" (Unerreichbare Vier) trug. Nun aber, auf dem Höhepunkt seiner Karriere, sagte der äußerst vielseitige Jones – er besaß Examen als Jurist, in Literatur und als Ingenieur – dem aktiven Sport Lebewohl und übte seinen Beruf als Rechtsanwalt aus.

In Jones aber schlummerte die Idee, einen „traumhaften" Golfplatz bauen zu lassen. Nachdem er in Augusta das ideale Gelände entdeckt hatte, verwirklichte er mit Hilfe seines Geldgebers Clifford Roberts das Projekt. Der berühmte schottische Golfplatz-Erbauer Alister Mackenzie schuf eine Anlage, die zum Ideal vieler Architekten wurde. Charakteristisch ist die Vielzahl von prachtvollen Bäumen und Büschen, die aus den unterschiedlichsten Ländern importiert wurden und den Bahnen ihren Namen geben. Die Bezeichnungen Magnolia (Loch 5), Yellow Yasmine (Bahn 8) oder Azalea (Loch 13) zergehen auf der Zunge . . .

1931 wurde der „Augusta National Golfclub" gegründet; zwei Jahre später war der Platz fertiggestellt, und so kamen Roberts und Jones auf die Idee, auf dieser Anlage ein Privatturnier zu veranstalten. Jones lud seine alten Kumpels ein; da fast alle guten Spieler mit ihm befreundet waren, hatte das 1934 ausgetragene „Augusta National Invitational Tournament" einen hohen sportlichen Stellenwert. Daß Jones selber zum ersten Mal seit vier Jahren wieder zum Schläger griff, ließ das Turnier zur absoluten Attraktion werden. Mit elf Schlägen Rückstand auf den Sieger Horton Smith belegte er einen guten 13. Platz unter 60 Teilnehmern.

Da das Turnier ein voller Erfolg war, entschieden die Verantwortlichen, es auch in den kommenden Jahren auszutragen. Jones zeigte sich vom Erfolg überrascht, wehrte sich in den folgenden Jahren aber, seinem Turnier übermäßige Bedeutung beizumessen. Besonders von der sich allmählich durchsetzenden Bezeichnung „Masters" hielt er nicht allzuviel.

Schon im zweiten Jahr erlebte das Masters jene Dramatik, die zur Legendenbildung – und zu großer Publizität – beitrug. Der führende Craig Wood hatte das Turnier an Loch 18 gerade abgeschlossen, als Verfolger Gene Sarazen seinen Ball nach dem Abschlag am 457 Meter langen 15. Loch in eine äußerst mißliche Lage, knapp 220 Meter vom Ziel entfernt, bugsierte. Um drei Schläge Rückstand gegen Wood aufzuholen, mußte schon ein „Wunder" geschehen. Und siehe da: Unter dem enormen Druck beförderte er den Ball mit einem perfekten Schwung aufs Grün; der Ball hüpfte leicht nach links – und rollte direkt ins Loch. Mit zwei Schlägen hatte Sarazen ein Par-5-Loch absolviert – ein „Albatros". Damit war der Rückstand schon aufgeholt. Es kam zum Stechen, das Sarazen gegen Wood gewann. Dieser Schlag am 15. Loch gilt seitdem als der berühmteste in der Golfgeschichte.

Solche Dramatik auf den letzten Löchern wurde in den folgenden Jahren zum Markenzeichen von Augusta. 1961 vergab der viermalige Turniersieger Arnold Palmer („Wenn du beim Masters nicht dabei bist, hast du das Gefühl, du bist für eine Woche aus der Welt") am letzten Loch mit einem Doppel-Bogey den Sieg. Bernhard Langer profitierte bei seinem ersten Sieg 1985 vom Einbruch des führenden Curtis Strange auf den letzten neun Löchern.

1956 führte der Amateur Ken Venturi das Feld vor der Schlußrunde mit vier Schlägen Vorsprung souverän an – eine miserable 80 machte alle Chancen zunichte. Mit einer abschließenden 78 verspielte Greg Norman, seit Jahren einer der besten Golfer der Welt, 1996 einen Vorsprung von sechs Schlägen und fiel auf den zweiten Platz zurück. Schlechte Erfahrungen hatte Norman schon zuvor gesammelt: 1986 verlor er das Turnier am letzten Loch; ein Jahr später kämpfte er mit Larry Mize im Stechen um den Sieg. Normans Ball lag 10 Meter vor dem Loch, der Ball von Mize mußte noch 120 Meter überwinden. Mize lochte ein, Norman dagegen verfehlte das Ziel.

Noch weit schlimmer traf es 1968 allerdings den Argentinier Roberto de Vicenzo, dem sein Mitspieler Tom Aaron am 17. Loch der letzten Runde statt einer 3 eine 4 auf die Zählkarte schrieb. Vicenzo bemerkte den Fehler nicht und unterschrieb. Die 4 zählte, und das erwartete Stechen mit Bob Goalby fand nicht statt.

Besondere Berühmtheit erlangten die Bahnen 11, 12 und 13; auch „Amen Corner" genannt, da an diesen Löchern angeblich „nur noch das Beten" hilft. Das Beten vergessen hatte jedoch 1980 der viermalige Zweitplazierte Tom Weiskopf, denn am 142 Meter langen 12. Loch beförderte er den Ball in der ersten Runde nicht weniger als fünfmal ins Wasser; erst mit dem 13. Schlag war er erfolgreich.

Weiskopf mußte dann als Fernsehkommentator auch feststellen, daß der „Augusta National Golfclub" die Übertragungen des Fernsehens streng überwacht. 1994 unterwarf sich der Sender CBS der Zensur und verbannte den wegen seiner lockeren und humorvollen Art allseits beliebten Garry McCord auf massiven Druck des Klubs, dem McCords „respektlose Kommentare" ein Dorn im Auge waren, vom Mikrofon. Weiskopf echauffierte sich anschließend öffentlich über die Versuche des Klubs, alles kontrollieren zu wollen. Dazu gehört auch, daß die Kommentatoren eine Liste erhalten, auf der steht, was gesagt werden darf und was nicht.

Zu den Eigenwilligkeiten gehörte auch lange Zeit, daß die Golfprofis nicht ihre eigenen Caddies mitbringen durften; diese wurden vom Klub gestellt. Dabei dienten anfangs nur Schwarze als Caddies. Erst 1983 wurde diese Restriktion aufgehoben; inzwischen vertrauen die meisten Profis auch beim Masters auf ihre eigenen Caddies. Als Seve Ballesteros 1980 triumphierte, war Nick de Paul der erste Weiße, der einem Sieger die Schläger trug. Im elitären, von teilweise milliardenschweren Weißen dominierten „Augusta National Golfclub" wurde erst 1991 mit Ron Townsend der erste Afroamerikaner als Mitglied aufgenommen. Er galt den meisten Betrachtern als Alibi- und Vorzeige-Schwarzer; Juden und Frauen sucht man ohnehin vergeblich. Diese rassistische Grundhaltung des Südstaaten-Klubs war auch einer der Gründe dafür, daß der Plan scheiterte, Golf in das olympische Programm von Atlanta aufzunehmen – denn gespielt werden sollte in Augusta. Schwergetan hat sich der Klub auch lange mit der Tatsache, daß auch Menschen nicht-weißer Hautfarbe Golf spielen können. 1975 wurde mit Lee Elder der erste Farbige zum Turnier zugelassen. Zweiundzwanzig Jahre später durchbrach Eldrick „Tiger" Woods die nächste Barriere. Woods, der wegen seiner Hautfarbe in vielen Klubs bisher nicht spielen durfte, streifte sich nach seinem Triumph als erster Farbiger ein Grünes Jackett als Zeichen der Ehrenmitgliedschaft über. Zum ersten Mal hatte ein Afroamerikaner ein Major-Turnier gewonnen. Dieser Erfolg – ausgerechnet im rassistisch gefärbten „Augusta National Golfclub" – bedeutete auch einen Wendepunkt im Golfsport, denn Woods brachte das Spiel dadurch einer völlig neuen Anhängerschaft näher.

Rekordsieger Nicklaus

Für das Masters in Augusta wird der Platz acht Monate vorher für jeden Spielbetrieb gesperrt. Eintrittskarten sind im freien Verkauf nicht erhältlich, die Wartelisten wurden eingefroren. Nachrücker gibt es nur über Sterbefälle in den Familien. Selbst die Spieler haben Probleme, Karten zu bekommen. Die Caddies brauchen sich die Mühe, nach Karten zu fragen, gar nicht erst zu machen.

Das Turnier wird seit 1934 veranstaltet, es fiel nur in den Jahren 1943 bis 1945 wegen des Zweiten Weltkrieges aus. Rekordgewinner ist die „Golflegende" Jack Nicklaus, der sechsmal triumphierte; letztmals 1986 im Alter von 46 Jahren. Damit ist Nicklaus auch der älteste Champion.

Mit vier Siegen folgt der ebenso legendäre Arnold Palmer. Erster nichtamerikanischer Sieger war 1961 der Südafrikaner Gary Player, der danach noch zwei weitere Triumphe feierte. Nachdem die Europäer lange Jahre nur die zweite Geige spielten, erlebten sie in den 80er und 90er Jahren ihre Hoch-Zeit. Sechs Europäer errangen in dieser Zeit zehn Titel. Mit drei Erfolgen ist Nick Faldo erfolgreichster Europäer. Bernhard Langer zog sich zweimal das grüne Jackett über. 1985 gelang ihm dies in einer großen Aufholjagd gegen Curtis Strange; 1993 war er der von Anfang an dominierende Spieler und gewann mit vier Schlägen Vorsprung.

Der stets als Amateur spielende Bobby Jones hätte sicher gerne einmal einen Amateur triumphieren sehen, aber darauf wartet man bisher vergeblich. Drei Amateure waren dicht vor dem Erfolg: Frank Stranahan (1947), Ken Venturi (1956) und Charlie Coe (1961), ein Mitglied des Klubs, belegten jeweils den zweiten Platz.

Die Bestleistung für vier Runden stellte 1997 Tiger Woods auf, der für den Par-72-Kurs 270 Schläge benötigte. Zudem gewann er mit dem bis dato größten Vorsprung: Um 12 Schläge ließ er Tom Kite hinter sich. Mit 63 Schlägen teilen sich der Zimbabwer Nick Price und Greg Norman den Rekord für einen Durchgang.

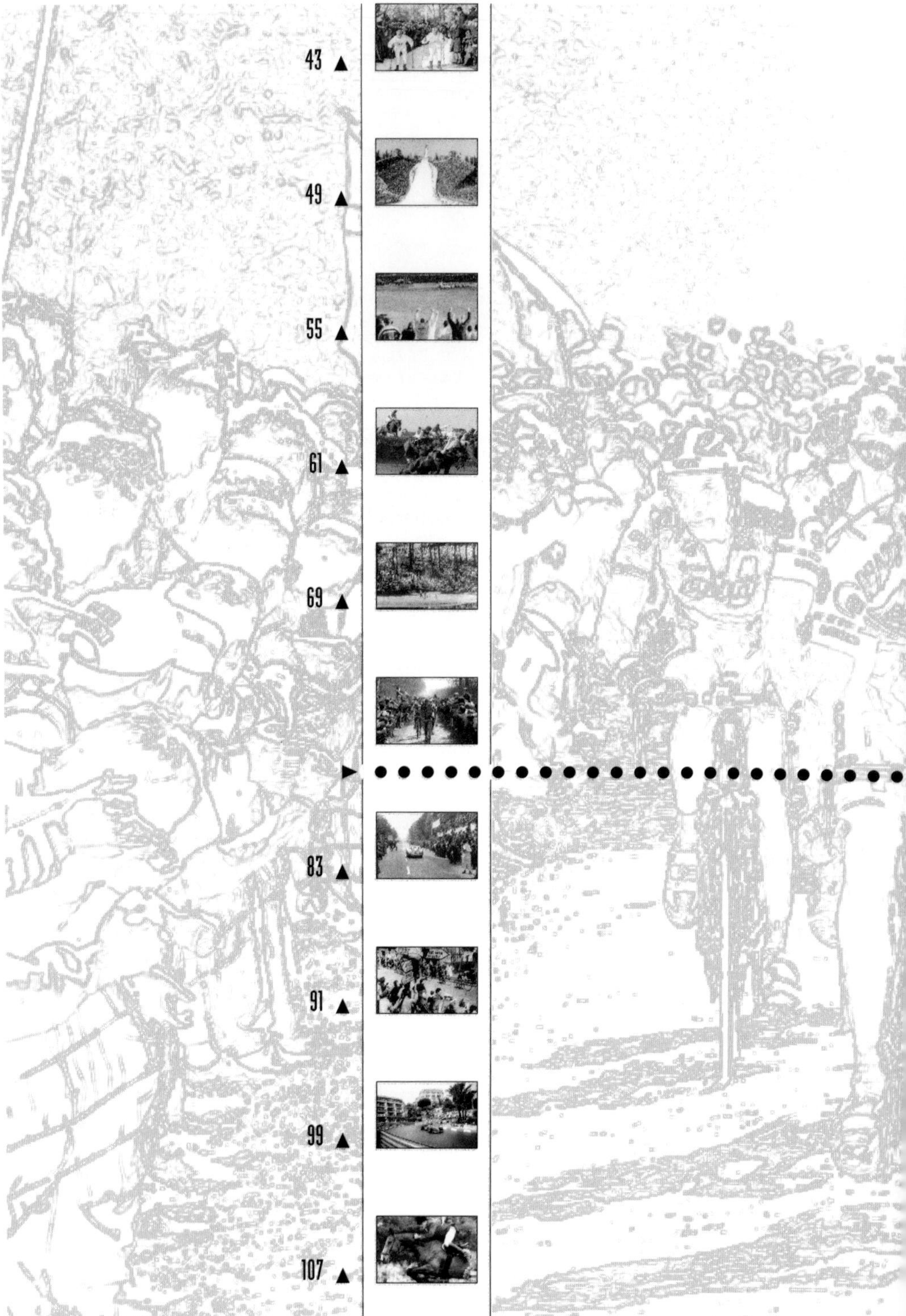

43 ▲
49 ▲
55 ▲
61 ▲
69 ▲
▶
83 ▲
91 ▲
99 ▲
107 ▲

Hölle des Nordens

Das Radrennen Paris – Roubaix

Kopfsteinpflaster durch die „Hölle des Nordens"

Jeden zweiten Sonntag im April ist der Tag, an dem die „Hölle des Nordens" die Radsportfreunde fasziniert. Im Radsport wird eine blumenreiche Sprache gepflegt. Das Rennen von Compiegne im Norden von Paris nach Roubaix im französischen Kohlenrevier hat irgendwann diesen martialischen Beinamen bekommen. Er weckt Furcht und Ehrfurcht. Ein Mythos umgibt diesen Uralt-Klassiker. Er ist umstritten, dramatisch, traumatisch. Er ist auch anachronistisch, führt die Rennfahrer zurück in eine Zeit, da die Straßenbauer noch die dicken Quader aneinanderfügten, sie für Pferde und knarrende Pferdefuhrwerke, aber nicht für schlüpfrige Schlauchreifen und leichte Kunststoffräder anlegten. Inzwischen haben die Veranstalter von der Societé du Tour de France mit den regionalen Baubehörden ein Abkommen geschlossen, daß auf den verschlungenen Pfaden, die mühsam gesucht werden müssen, nicht geteert und nicht asphaltiert wird. Paris–Roubaix soll seinen Charakter behalten, soll die qualvolle und quälende Fahrt durch die „Hölle des Nordens" bleiben.

Wegen dieser Besonderheiten hat es seinen ganz besonderen Platz im Radsport-Kalender, genießt ein besonderes Ansehen, und die Rennfahrer aller Generationen mühten sich intensiv, gerade hier in die Siegerliste zu gelangen. Die strotzt nur so von berühmten Namen der Radsportgeschichte, von Fausto Coppi über Rik van Steenbergen, Rik van Looy bis zu Eddy Merckx, Francesco Moser und Bernard Hinault, um nur einige zu nennen. Der „Mister Paris – Roubaix" ist Roger De Vlaeminck. Er ist der einzige Vierfachsieger, und er schwärmt: „In Roubaix habe ich die schönsten meiner 251 Siege gefeiert." Als nicht minder erfolgreicher Querfeldeinfahrer schien er wie geschaffen für diese Tortur, die dem normalen Radsport so diametral und extrem gegenübersteht.

Nicht jeder mag diese Hetze über die versteckten Kopfsteinpflasterstrecken, die schmalen Wirtschaftswege zwischen Äckern und Feldern, wo auch Sand und Schlamm den Schwung der Rennräder bremsen. Bernard Hinault zettelte 1980 einen flammenden Protest an, als Teile jener „Hölle" in eine Tour-de-France-Etappe eingebaut waren. „Das ist ein Lotteriespiel. Da kann man sich durch Sturz oder Defekt die ganze Tour kaputtmachen", wetterte er und drohte mit Streik. „Es ist ein Unding, die Fahrer auf so eine Strecke zu zwingen. Bei Paris – Roubaix ist es meine freie Entscheidung, ob ich starte oder nicht. Hier muß ich mitmachen."

Der Kritik, er habe nur Angst vor diesem Rennen, begegnete der sture Bretone auf seine Art. Er startete 1981, gewann und ließ sich nie wieder am Start blicken. Inzwischen ist er ein verantwortlicher Direktor in der Societé du Tour de France und wird dafür sorgen, daß das Hinterland von Roubaix in der Tourstrecke gemieden wird.

Laurent Fignon, der Mann mit der Pferdeschwanzfrisur, der vor der Profikarriere als Veterinär-Student an der Sorbonne eingetragen war, charakterisierte das Rennen einmal philosophisch: „Ein Rennen voller Traumatas, voller Ängste und Euphorien, faszinierend und schwer. Wenn die Form stimmt, liebt man Paris – Roubaix, vergißt die fürchterlichen Schmerzen in Armen und Händen. Wenn man jedoch schwach ist, wird alles zur Hölle." Vor den 260 bis 270 Kilometern, auf die sich das Rennen in den letzten zwanzig Jahren eingependelt hat und von denen rund 50 Kilometer auf 23 Abschnitte verteilt über die „Pavés" führen, wie die Kopfsteinpflasterstrecken in der Radsportsprache französisch genannt werden, haben die Mechaniker Schwerarbeit. Die Rennräder müssen umgerüstet werden. Federgabeln wie beim Mountain-Bike sind gefragt, stabile Rahmen, die nicht flattern, dicke Reifen, die so gut wie möglich vor Reifenschäden schützen, Sattel und Lenker werden gepolstert, die Ellenbogen bandagiert, und es empfiehlt sich auch ein sturzfester Helm. Denn ohne Defekt oder Sturz kommen die wenigsten über die Distanz.

Ein gutes Verhältnis zum schrecklichen Rennen hatte der Deutsche Olaf Ludwig. Er schätzte, daß dort die Eigeninitiative belohnt werde, wenn man das nötige Glück habe, daß Taktik und Hinterradfahren eine geringere Rolle spielten als in anderen Rennen. Den Traum, es zu gewinnen, nachdem er Zweiter, Dritter und Vierter geworden war, konnte er sich aber nicht erfüllen. So steht als einziger Deutscher Josef Fischer in der Siegerliste. Er gewann 1896, also vor 101 Jahren bei der ersten Auflage dieses Rennens. Damals wurden die 280 Kilometer noch hinter Schrittmacherführung bewältigt.

Fischer fuhr einen 30er Schnitt. Er stammte aus Cham, lebte in München, war 1900 noch einmal Dritter in Roubaix und gewann das Langstreckenrennen Bordeaux – Paris. Drei der wohl populärsten deutschen Rennfahrer standen wenigstens als Drittplazierte mit auf dem Treppchen: 1967 Rudi Altig, 1980 Dietrich Thurau und 1982 Gregor Braun.

Verhinderte Sieger waren sie trotzdem nicht. Sie kamen in respektvollem Abstand zum Sieger ins Ziel. Doch Rolf Wolfshohl durfte mit seinem Geschick hadern. Er steht zwar 1963 nur als Elfter im Klassement, aber er hatte den Sieg vor Augen. Mit dem Belgier Noel Foré, dem Sieger von 1959, war er früh enteilt. Zwei Defekte fuhr er wieder auf, dann hängte er den Belgier ab, und als er die 1000-Meter-Marke passierte, rief ihm sein Teamleiter Gaston Plaud zu: „Du hast noch eine Minute Vorsprung." Wolfshohl atmete tief durch. „Ich war mir sicher, daß das reicht", erinnert sich der Kölner. „Ich lockerte etwas die Beine, nahm etwas Tempo raus, wischte mir schon mal über das verdreckte Gesicht, um bei der Siegerehrung nicht auszusehen wie ein Kohlenträger. Ich fuhr auf die Rennbahn, und plötzlich hörte ich hinter mir ein Rauschen. Als ich mich umdrehte, war es schon zu spät. Die Verfolger mit Van Looy, Janssen, Poulidor, Post und anderen kamen herangeschossen. In der vorletzten Kurve sausten sie an mir vorbei. Ohne die falsche Information über meinen Vorsprung wäre mir das nicht passiert. Wenigstens gewann noch mein Teamkollege Emile Daems vor Van Looy. Aber was nützt mir das?"

Viermal De Vlaeminck

Paris–Roubaix ist das älteste der klassischen Radrennen. 1896 wurde es zum erstenmal ausgetragen. Zwar wurde zwei Jahre vorher schon einmal Lüttich–Bastogne–Lüttich veranstaltet, aber dann dauerte es bis 1912, ehe dort die zweite Auflage in den Terminkalender kam. Nur in den beiden Weltkriegen fiel Paris–Roubaix insgesamt siebenmal aus. 1997 wurde es zum 95. Male gestartet. Die längste Distanz war in den beiden ersten Jahren und 1919 mit 280 km abgesteckt, die kürzeste 1959 mit 202 km. Rund 50 Kilometer führen immer über Kopfsteinpflaster.

Das schnellste Rennen wurde 1964, als starker Rückenwind herrschte und die Kopfsteinpflasterstrecken reduziert waren (Schnitt: 45,129 km/h), zurückgelegt. Sieger war Peter Post, der als Sechstagefahrer und später erfolgreicher Teamleiter bekannter war als in der Rolle des Straßenfahrers. Mit einem Schnitt von nur 22,857 km/h gewann 1919 der Franzose Pelissier. Vierfacher Sieger war der Belgier Roger De Vlaeminck zwischen 1972 und 1977, je dreimal waren der Franzose Oscar Lapize (1909, 1910, 1911), der Belgier Rik van Looy (1961, 1962, 1965), sein Landsmann Eddy Merckx (1968, 1970, 1973) und der Italiener Francesco Moser (1978, 1979, 1980) erfolgreich. Daneben gibt es acht Fahrer, die zweimal siegreich waren, zuletzt der Ire Sean Kelly (1984 und 1986) und der Franzose Gilbert Duclos-Lasalle (1992 und 1993).

▶

Mille Miglia

Mille Miglia, die 1000 Meilen

Drama um Nuvolari und die Rekordfahrt von Moss

Anfang Mai in Brescia. Menschen schlendern durch die sonnigen Straßen, in den Cafés herrscht reges Treiben, die Stadt ist überfüllt, es ist Mille-Miglia-Zeit. Auf Hochglanz polierte Rennwagen, 50 Jahre alt oder noch älter, parken an den Bordsteinen, Passanten wenden die Köpfe, wenn wieder einer der Veteranen vorbeirollt, überall interessierte, anerkennende Blicke. Wieder steht sie bevor, die Historic Mille Miglia, bedeutendste, schönste, aufregendste, glanzvollste Oldtimer-Parade der Welt. Über 320 gut gepflegte Autos werden aus Garagen und Museen geholt und wie alljährlich wieder durch Italien rollen, gemächlich und weit geruhsamer als vor 40 Jahren; damals, als das Ganze noch ein Rennen war, das dem Wahnsinn nahe kam und 1957 mit einer schlimmen Katastrophe endete. Doch 1977 (nach 20jähriger Pause) ist sie wiederauferstanden, hat in neuem Gewand Karriere gemacht.

Das Ende als Rennsportveranstaltung alten Kalibers hatte sich schon Anfang der fünfziger Jahre angedeutet, schleichend, aber doch unübersehbar. 1955 gab es ein Warnsignal besonderer Art. Der Engländer Stirling Moss hatte in 10 Stunden, sieben Minuten und 48 Sekunden (Durchschnitt 157,651 km/h) neuen Rekord gefahren, die Straßen waren besser geworden, inzwischen überfüllt, ein Rennen nicht mehr zu verantworten, die Unfälle kleinerer Art hatten sich gehäuft, es gab immer wieder Todesstürze. Dann in der letzten Phase des 1957er Rennens das Unglück. Die *Frankfurter Rundschau* berichtete am 13. Mai 1957: „Der spanische Marquis Alfonso de Portaga verlor, nachdem der Reifen seines Wagen geplatzt war, bei etwa 250 km/h die Herrschaft über seinen Ferrari, der Wagen brach nach links aus, riß einen Kilometerstein und einen Telegrafenmast um, prallte über die Straße zurück und mitten in die gedrängt stehenden Zuschauer. Zwölf Tote waren zu beklagen: neben dem spanischen Rennfahrer und seinem Co-Piloten Eddie Nelson weitere zehn Zuschauer, darunter fünf Kinder."

Piero Taruffi, der große italienische Rennfahrer, der diese Schreckens-Mille im Alter von 52 Jahren gewonnen hatte, trat nach dem Sieg unter dem Eindruck des Geschehens zurück, nur fünf Tage nach dem Unglück verbot die Regierung alle Rennen in Italien. Das Ende einer Legende, vorerst jedenfalls. Als die Gründerväter Aymo Maggi, Franco Mazzotti, Giovanni Canestrini und Renzo Castagneto mit stillschweigender Billigung der Faschisten – es war eine gute Gelegenheit für das Mussolini–Regime, allen zu beweisen, daß das Land eine solche Mammutfahrt zu organisieren imstande war –, 1927 zum erstenmal die Fahrer auf die Strecke schickten, ahnten sie nicht, welche Resonanz das Unternehmen finden würde. Und sie wußten noch nicht, daß die besten Rennfahrer der Welt in den nächsten Jahren immer wieder nach Italien eilen würden, um an dem Spektakelteilzunehmen.

Einer von denen, die es immer wieder an den Start nach Brescia zog, war Tazio Nuvolari, der heute noch als der größte aller italienischen Rennfahrer gilt. Der „fliegende Mantuaner" war durch seinen rustikalen Fahrstil berühmt geworden. Nuvolari, zuvor schon zweimal Sieger, hatte 1947 eine gute Mille gefahren, den zweiten Platz auf einem Cisitalia belegt. Danach hatte sich eine Lungenkrankheit, unter der er schon seit langem litt, verschlimmert; seine beiden Söhne waren kurz zuvor gestorben und wegen dieser Schicksalsschläge hatte er sich zur Erholung in ein Kloster am Gardasee zurückgezogen.

Als Enzo Ferrari, der gerade in die eigene Sportwagenproduktion eingestiegen war, davon erfuhr, überredete er seinen alten Freund aus gemeinsamen Alfa-Tagen – Nuvolari war immerhin 55 Jahre alt und seine letzten großen Siege beim Grand Prix in Monza und Donington lagen zehn Jahre zurück –, auch 1948 in das Cockpit zu steigen.

Nachkriegs-Italien aber lag wie Deutschland am Boden, die Armut war groß und die Hoffnungen der Menschen ruhten auf Wunder und anderen Ruhmestaten. Unter diesen Umständen wurde Nuvolaris Fahrt zur Heldensaga der italienischen Rennsport-Geschichte. 1139 Meilen lang war die Strecke in diesem Jahr, die Organisatoren hatten die Route so gelegt, daß sie möglichst viele große Städte berührte: Brescia, Verona, Padua, Ravenna, Pesaro, Rom, Livorno, Pisa, Florenz, Bologna, Modena, Parma, Turin, Mailand, Bergamo – das Rennen sollte den gebeutelten Italienern Hoffnung machen für die Zukunft.

Zeitzeugen berichten, ganz Italien, soweit es nicht ohnehin an der Strecke stand, habe am Radio gesessen, zu nichts anderem, um dem großen, alten Mann des Rennsports die Daumen zu drücken – und natürlich siegen zu sehen! Und der kranke Nuvolari erfüllt die Wünsche seiner Landsleute, die Fahrt geht über geschotterte Pässe und schlechte Straßen; Ascari, Taruffi, Cortese, Biondetti, Männer mit klangvollem Namen, bleiben hinter dem Dahinfliegenden zurück. Italien jubelt, liegt Nuvolari zu Füßen, aber Italien bangt auch, denn unterwegs gibt es einen Unfall, Nuvolari kann zwar weiterfahren, doch der linke Kotflügel bleibt auf der Strecke. In Rom führt Nuvolari, aber das ist kein gutes Zeichen, denn bisher hat der Führende am Wendepunkt noch niemals gewonnen. Und nun klemmt die Motorhaube. Nuvolari reißt sie herunter, er hetzt weiter, nimmt Futa- und Raticosa-Paß, im Radio wird geschildert, wie Nuvolari immer wieder ein Taschentusch vor den Mund hält, das sich rot färbt. Und der Vorsprung wächst. Dann bricht der Sitz. Nuvolari schmeißt ihn weg, setzt sich auf einen Sack Orangen, den ihm Bauern gegeben haben, da bricht der hintere Federbolzen, das Auto wird fast unkontrollierbar, schlingert nur noch über die Straßen, in Modena hat Nuvolari noch immer 28 Minuten Vorsprung vor allen anderen, da zerfetzt es die Bremsen. Der völlig erschöpfte Nuvolari muß aufgeben – Italien geht zur Tagesordnung über, schaltet die Radios ab, die Zuschauer gehen nach Hause, die Mille ist für die enttäuschten Fans gelaufen. Biondetti, der wenig später erstmals auf einem Ferrari gewinnen wird, ist der unbeachtetste Sieger, den es je bei einer Mille Miglia gegeben hat.

Doch es bilden sich auch schnell Legenden. So soll Nuvolari nicht wegen eines technischen Defekts, sondern wegen eines Blutsturzes aufgegeben haben, eine andere Version besagt, Enzo Ferrari habe Angst gehabt, Nuvolari könne bis zum Tode weiterfahren und deshalb einen Priester telefonisch gebeten, Nuvolari unterwegs zu stoppen. Der Priester habe sich dem Rasenden entgegengestellt, Nuvolari mußte anhalten und der Seelsorger soll gesagt haben: „Mein Sohn, du hast kein Recht, dein Leben wegzuwerfen." Erst daraufhin habe Nuvolari das letzte große Rennen seines Lebens beendet. Der Motorsportverband entzog ihm kurz darauf die Lizenz zum Fahren, ein unwürdiger Akt für den großen, alten Mann, aber die Funktionäre erklärten, man müsse Nuvolari vor sich selbst schützen. Ausgezehrt stirbt Nuvolari am 12. August 1953.

Nicht weniger legendär als Nuvolaris Auftritt von 1948 ist die Rekordfahrt von Stirling Moss im Mercedes 300 SLR im Jahre 1955. Das Rennen war von Mercedes generalstabsmäßig vorbereitet worden, Beifahrer

Denis Jenkinson, Chefkorrespondent der Zeitschrift Motor Sport, früher selbst Rallyefahrer und ehemaliger Beifahrer des Seitenwagen-Weltmeisters Oliver, hatte ein Streckenbuch erarbeitet, das alle wichtigen Kurven, Brücken, Pässe und kritischen Punkte enthielt. Es wurde eigens eine Rollenkonstruktion entwickelt, in der das insgesamt sieben Meter lange Papier Aufnahme fand. Dazu verständigte Jenkinson seinen Fahrer durch zwölf abgesprochene Handzeichen. Es klappte alles wie am Schnürchen, und die Vorbereitung von „Jenk", wie ihn alle nannten, darf als die Geburtsstunde des „Gebetbuches" im Motorsport bezeichnet werden.

Und weil der Mercedes im Grunde alle Elemente eines Rennwagens aufwies, flog er förmlich von Brescia nach Rom und zurück – so schnell wie niemand zuvor oder danach. Auch nach diesem Höllenritt wurden bald Geschichten erzählt, die die Dramatik des Rennens noch überhöhen sollten. Beifahrer Jenkinson, so hieß es, sei in den zehn Stunden grau geworden vor schlotternder Angst. Andere kolportierten, Jenkinson werde nie mehr in einen Rennwagen steigen. Doch ein Jahr später (und auch 1957) saß er bei der Mille Miglia wieder neben Moss, doch beide Male schieden sie mit technischen Defekten am Auto aus.

Doch die Legenden leben weiter. Bis auf den heutigen Tag werden sie verbreitet, weil die Oldies, die heute bei den tausend Meilen unterwegs sind, zwar schön anzuschauen sind und immer noch Hunderttausende Italiener begeistern, aber sich als Objekte abenteuerlicher Erzählungen kaum noch eignen.

Immer noch populär

Es gab in der nun etwas über 100jährigen Geschichte des Automobilsports zahlreiche ungewöhnliche, in ihrer Art einmalige Wettbewerbe. Die Targa Florio auf Sizilien beispielsweise oder die Panamericana in Mexio, um nur zwei zu nennen; doch keines dieser Rennen bewahrte seine Faszination bis heute, obwohl die 1000 Meilen nur insgesamt 22mal als Straßenrennen ausgefahren wurden – und zwar beginnend im Jahr 1927, endend im Jahr 1957. Dennoch ist die Popularität dieser Fahrt ungebrochen. Das hat einen guten Grund, denn ab 1977, dem 50. Geburtstag der „Mille", lebte die Veranstaltung als Wettbewerb für historische Fahrzeuge wieder auf, und nach wie vor begeistern sich Hunderttausende in Italien an dem zur Gleichmäßigkeitsfahrt mutierten „Rennen".

Mille Miglia

Die berühmtesten Rennfahrer ihrer Zeit trugen sich in die Siegerlisten ein, wie etwa Giuseppe Campari, Achille Varzi, Huschke von Hanstein, Alberto Ascari, Rudolf Caracciola, Stirling Moss und natürlich Tazio Nuvolari. 1957 wurde das Straßenrennen zum letzten Mal gefahren, da die mittlerweile immer schneller gewordenen Rennwagen nicht mehr auf die überfüllten öffentlichen Straßen paßten. Ein schwerer Unfall des Ferrari-Fahrers Alfonso de Portago, bei dem er, sein Beifahrer und zehn Zuschauer getötet wurden, setzte den dramatischen Schlußpunkt einer Veranstaltung, die zum Anachronismus geworden war.

Seit dem „historischen" Neubeginn im Jahr 1977 werden nur Fahrzeuge zugelassen, die schon an der alten Mille teilgenommen hatten, angefangen von Isettas und Fiat Topolinos über eine Vielzahl von Alfa Romeos, Lancias, Bugattis, Cisitalias bis hin zu Mercedes, Ferraris und Maseratis.

Friedensfahrt

Die internationale Friedensfahrt

Picassos Taube als Symbol für ein Radrennen, das lange Zeit politisch geprägt war.

In einem Lexikon aus dem Jahr 1971, dem Sport-Brockhaus, wird dem wichtigsten und bedeutendsten Amateurradrennen der Welt eine einzige Zeile gewidmet. Nachdem zunächst erklärt wird, daß der französische Zeitungsverleger Henri Desgrange als Herausgeber der Zeitung *L'Auto* 1903 die Etappenrennen im Radsport erfunden hatte, um die sommerliche Nachrichtenflaute zu überbrücken, wird darauf verwiesen, daß die Tour de France als schwerstes und wichtigstes Etappenrennen der Welt gilt, danach wörtlich: „Weitere wichtige Etappenrennen sind die Rundfahrten durch Italien (Giro d'Italia), durch Spanien (Vuelta) sowie das Amateurrennen Warschau–Berlin–Prag."

Die außergewöhnlich dürre Mitteilung ist nicht erstaunlich, denn das internationale Amateurrennen zwischen den Hauptstädten der CSSR, Polens und der DDR war dem Westen lange suspekt. Es wurde zwar zur Kenntnis genommen, sein sportlicher Wert aber lange (und oft wider besseres Wissen) wenig korrekt beurteilt. Dazu trug natürlich bei, daß es in den Ausrichterländern propagandistisch ausgeschlachtet wurde, eine übertrieben formale Völkerfreundschaft unter den Teilnehmern proklamiert wurde, obwohl auch oft genug – und keineswegs ungewöhnlich für die Spurts im Radsport – die Ellenbogen entschieden. Doch es war ein Rennen, bei dem unter Fahrern, Journalisten, Mechanikern und Funktionären auch Freundschaften für ein Leben entstanden, und es kam nicht von ungefähr, daß sich fast stets die Führungsspitze des Internationalen Radsportverbandes UCI bei den Rennen ein Stelldichein gab. Die Friedensfahrt hatte jedenfalls einen außergewöhnlich hohen Stellenwert sowohl bei den Zuschauern als auch bei den Funktionären. In den Etappenstädten wurden die „Friedensfahrt"-Teilnehmer enthusiastisch gefeiert, keinesfalls mußten die Zuschauer zu den

Zielankünften befohlen werden, wie es ein Bulletin der Bundesregierung damals glauben machen wollte („Das Geheimnis der zehn Millionen Zuschauer erklärt sich nicht aus der Faszination des Rennens oder dem Wunsch, für den Frieden zu demonstrieren. Da ist der Druck auf die Bevölkerung, der Veranstaltung beizuwohnen und den ausländischen Teilnehmern Friedensbotschaften auszuhändigen").

So simpel war es gewiß nicht, denn überall dort, wo die Radkarawane über die Straßen rollte, gab es begeisterten Applaus der Menschen. Für sie waren es Helden der Landstraße, Männer, die schwitzten und schufteten, um im sportlichen Wettstreit den Lorbeer des Siegers zu erringen. Wenn die sogenannte „steile Wand" in Meerane auf dem Programm stand, war das ein Ereignis der besonderen Art. Nicht zu vergleichen mit Alpen- oder Pyrenäen-Pässen, kam der kurze Anstieg (340 Meter mit 11 Prozent Steigung) jedoch wie ein Hammerschlag, denn so etwas wurde inmitten einer Stadt nicht erwartet. Und wenn Heinz-Florian Oertel seine unverwechselbare Stimme im DDR-Rundfunk (oder später im Fernsehen) erschallen ließ, waren die Zuhörer stets eingefangen von der Spannung und Dramatik des Geschehens.

Insbesondere in den ersten Jahren nach dem Zweiten Weltkrieg spielte in der DDR auch jene Stimmung eine Rolle, die sich in Westdeutschland nach dem WM-Sieg der Fußballer in Bern 1954 eingestellt hatte: Man war wieder wer in der sportlichen Welt, hatte ein Ereignis, an das man sich klammern und an dem man sich auch ein wenig aufrichten konnte nach all der Mühsal im Nachkriegsdeutschland, Abteilung Ost. Und als Gustav Adolf (Täve) Schur 1955 als erster Deutscher diese strapaziöse Fahrt gewann, war das ein Sieger wie aus dem Bilderbuch: bescheiden, zurückhaltend, ohne jede Angeberei, aus der Arbeiterklasse stammend und damit wie hausgemacht für die Zeiten des Kalten Krieges. Und obwohl Schur als FDJ- und Parteimitglied „vermarktet" wurde, wie es heute wohl heißen würde, und später auch als Abgeordneter in der Volkskammer saß, blieb er das große Idol der Massen. Vor allem, weil er wirklich der einfache Mann aus dem Volk geblieben war – und auch geblieben ist bis auf den heutigen Tag, immer noch hochgeschätzt und als Vorsitzender des „Vereins Internationale Friedensfahrt" ein rastloser Rackerer für den Fortbestand des Rennens.

Herumzuschlagen hatte sich die Friedensfahrt seit Anbeginn also mit dem Vorwurf, „ein politisches Rennen" zu sein. Das war sie natürlich. Es wurden zahllose propagandistisch eingefärbte Texte vorgetragen; die Chefredakteure der beteiligten Zeitungen absolvierten in dieser Hinsicht regelmäßig ihr Rede-Pflichtprogramm, und in den Etappenstädten gab es Parteisekretäre, Betriebsgewerkschaftsleitungen und andere politische Institutionen, die nach Direktiven „von oben" dem Rennen ihren Stempel mit sogenannten „Patronatsveranstaltungen" aufdrückten, bei denen die Rennfahrer widerwillig durch Betriebe und andere wirkliche oder vermeintliche sozialistische „Errungenschaften" geführt wurden.

Begonnen hatte das schon 1948 bei der ersten Auflage der Friedensfahrt. Um guten Willen zu demonstrieren, rückten in Warschau und Prag die Betreuer, Rennfahrer, Journalisten mit Spitzhacke und Schaufel aus, um sich an der Trümmerbeseitigung zu beteiligen. Der Schriftsteller Roman Szydlowski veröffentlichte einen Zeitungsartikel mit der Überschrift Friedensfahrt. Das war die Geburtsstunde des kurzen, griffigen Namens, und schon ein Jahr später zierte die Taube von Pablo Picasso das Trikot des Spitzenreiters und des jeweiligen Spitzenteams.

Nach den Ereignissen des Jahres 1968 mit dem „Prager Frühling" und dem Einmarsch der Warschauer-Pakt-Truppen stieg der CSSR-Radsportverband 1969 aus, stellte keinen Etappenort zur Verfügung, meldete keine Mannschaft; nur ein rund 100 Kilometer langes Straßenstück führte über CSSR-Gebiet. Die Straßen waren übersät mit Reißzwecken, manche Dörfer waren menschenleer, nur auf dem Dach einer Fabrik standen einige Männer und zeigten den Akteuren ihre nackten Hintern. „Wir wollten nicht unter dem Symbol der Friedenstaube mit Sportlern gemeinsam Radrennen fahren, deren Länder mit ihren Armeen kurz vorher bei uns einmarschiert sind", sagt der Prager Journalist Jiri Cerny später dazu.

Jahre danach gab es ganz andere Pressionen. Zeitzeuge Klaus Huhn, selbst in das System involviert, berichtet: „Den Sowjets gefiel die Fahrt so gut, daß sie darauf bestanden, sie bis nach Moskau und Kiew auszudehnen. Mit knirschenden Zähnen wurde dem zugestimmt. Ich habe bei den Verhandlungen mit am Tisch gesessen und einiges getan, um die Ausflüge zu unterbinden. In Kiew wurde die Fahrt eine Woche nach der Katastrophe von Tschernobyl gestartet, und aus Moskau flog man alle ausländischen Korrespondenten in die Ukraine und nutzte die Rennfahrer, um eine ‚heile Welt' vorzuführen."

Der Mann, der dieses in einer von Täve Schur herausgegebenen Broschüre erzählt, ist nicht nur ein durch und durch kompetenter Experte auf sportlichem Gebiet, sondern zugleich exzellenter Kenner der politischen Struktur des Rennens. Huhn (Pseudonym Klaus Ullrich) war langjähriger Sportchef des SED-Zentralorgans *Neues Deutschland* und in dieser Eigenschaft der verantwortliche Renn-Direktor der DDR-Seite, er hatte jahrelang auf dem Motorrad die Fahrt als Reporter begleitet und darüber berichtet; später agierte er auch als Mitglied des Obersten Schiedsgerichtes.

Die Friedensfahrt war also unstreitig ein politisches Ereignis, sie war aber auch ein sportliches der Sonderklasse. Beide Komponenten vermischten sich in vielfältiger Form, was auch daran zu erkennen ist, daß der Sportjournalist Zygmunt Weiss, einer der „Geburtshelfer" der Fahrt, ein Überlebender des Grauens im Warschauer Ghetto gewesen war. Viele spätere Profirennfahrer haben die Friedensfahrt bestritten und dort Lorbeeren geerntet oder auch bittere Erfahrungen gesammelt. Der junge Miguel Indurain zum Beispiel, der fünfmalige Tour-de-France-Sieger, war 1984 dabei und wurde 70., wobei er beinahe aus dem Rennen ausgeschlossen worden wäre, denn die Trikots waren alle derart verschmutzt, daß er bei der Zieleinfahrt mit einem anderen Teilnehmer verwechselt worden war.

Die Existenzkrise der Friedensfahrt kam nach der politischen Wende, weil niemand mehr das bis dahin reklamefreie Rennen finanzieren mochte. Es schien in der Versenkung zu verschwinden, doch jedes Jahr wurde es unter schwierigen Verhältnissen am Leben erhalten.

Jiri Cerny, der Prager Journalist, der einst die Gründe dafür genannt hatte, warum die CSSR 1969 ausgestiegen war, wurde inzwischen zu einem glühenden Verfechter des Rennens: „Die Friedensfahrt muß erhalten werden!" lautet seine ultimative Forderung. Auch weil sie – Politik hin oder her – Sport in Reinkultur bot und bietet.

Jubiläumsrennen

Die „Internationale Radfernfahrt für den Frieden" wurde zum ersten Mal 1948 veranstaltet und führte von Warschau nach Prag (fünf Etappen), gleichzeitig wurde ein zweites Rennen in umgekehrter Richtung gefahren, das von Prag nach Warschau führte (sieben Etappen). In den darauffolgenden drei Jahren gab es nur noch ein Rennen, wechselweise in Prag bzw. Warschau gestartet und beendet. Die 5. Veranstaltung 1952 bezog dann auch die DDR mit in das Geschehen ein.

Organisatorische und ideelle Träger waren die Zentralorgane der jeweiligen kommunistischen Parteien, *Neues Deutschland* (SED), *Rude Pravo* (KPTsch) und *Trybuna Ludu* (Vereinigte Polnische Arbeiterpartei), die gleichzeitig umfangreich über das Renngeschehen berichteten. Inzwischen war die Distanz auf 12 Etappen erhöht worden, gestartet wurde in Warschau, von da ging es über Berlin zum Zielort Prag. Jährlich wurde der Start-und-Ziel-Rhythmus gewechselt. Ab 1985 wurden Moskau und Kiew in das Rennen einbezogen, danach wurden andere Städte in den beteiligten Ländern als Start- oder Zielorte gewählt. Nach dem „Prager Frühling" und dem Einmarsch von Warschauer-Pakt-Staaten wurden 1969 nur Polen und die DDR in das Rennen einbezogen; lediglich ein 118 km langes Teilstück führte damals durch die CSSR.

Bei der Friedensfahrt stand immer das Kollektiv im Mittelpunkt, Siege der Nationalteams hatten einen höheren Stellenwert als der Einzelsieg. Erfolgreichstes Team war die UdSSR mit 18 Siegen, in der Einzelwertung hatten die deutschen Fahrer die Nase mit insgesamt 17 Gesamtsiegen vorne (Wesemann 3 – Schur 2 – Hagen 1 – Klaus Ampler 1 – Peschel 1 – Hartnick 1 – Ludwig 2 – Boden 1 – Uwe Ampler 4 – Voigt 1). Die meisten Etappensiege holte Olaf Ludwig, der 36mal gewann. Rekordsieger insgesamt ist der Pole Szurkowski mit vier Gesamtsiegen.

Großer Preis von Monaco

Der Große Preis von Monaco

Das Reifen-Roulette und die Boxenstopps sind ein wichtiges Element in Monte Carlo

„Im Prinzip", so formuliert es der deutsche Automobilrennfahrer Michael Schumacher, „im Prinzip ist es wahnsinnig, so eng an die Barrieren heranzufahren." Der in der Schweiz lebende Kerpener weiß natürlich auch aus eigener Erfahrung, wie schwierig der Kurs zu befahren ist, schließlich hat er ja einschlägige Erfahrungen aufzuweisen. 1994 und 1995 hat er mit dem Benetton-Ford und dem Benetton-Renault das Rennen für sich entscheiden können, doch ein Jahr später knallte er, diesmal in einem Ferrari sitzend, gleich nach dem Start in die Leitplanken. Fahrfehler!

Solcherart Erfahrungen mußten schon viele Piloten im Monaco-Karussell machen. Denn Monte Carlo ist im Formel-1-Zirkus der einzige Stadtkurs. Die Kurven sind eng und verschlungen, mit den rund 700 PS starken Boliden geht es durch die engen Straßenschluchten, dann stürzen sich die Piloten in das schwarze Loch des Tunnels, um nach etwa 400 Metern wieder ins gleißende Licht zu fahren. Die Fahrzeuge zischen schnell vorbei an den Häuserecken, streifen fast die Leitplanken, die Räder tauchen gefährlich nahe an den Bordsteinkanten auf, manchmal wird auch darüber hinweggehoppelt, ein Jammer für die Radaufhängungen und die sensiblen, weichen Reifen, irgendwo geht die wilde Jagd über Kanaldeckel und Zebrastreifen, die im Alltag den Fußgängern dienen sollen.

Auslaufzonen oder Kiesbetten – auf den anderen Rennstrecken inzwischen längst Standard – gibt es hier mangels Fläche nicht, nur enge Drahtzäune und Leitplanken trennen die Fahrer von den Zuschauern, die Anfang Mai die Stadt überrennen, um ein bißchen etwas vom Glamour, vom Glanz des Ereignisses, zu erhaschen. Denn der Flair der Côte d'Azur ist trotz zurückgehender Umsätze im Spielcasino und vielen anderen Problemen, die die seit 700 Jahren herrschenden Grimaldis heimsuchen, ungebrochen, der

Jachthafen und die reichen Sommergäste gaukeln immer noch vor, daß sich hier prächtig leben läßt, was ja zugegebenermaßen für die Reichen im Lande immer noch gilt. Kein Wunder also, daß sich die Partygäste, die Playboys und -girls dort tummeln, wo sich der Rennkurs von Appartements und Penthouse-Wohnungen am besten einsehen läßt. Wegen des Schumacher-Ausfalls im Jahr 1996 war da so manchen der ganze Tag versalzen.

Daß alles sehr beengt ist in der Stadt und sowohl Bürogebäude, teure Wohnungen und sogar Parkflächen in die Berge unter die Stadt gesprengt werden, hat für das Rennen selbst natürlich auch seine guten Seiten. Das Tempo hält sich in Grenzen. Zwar gibt es auch hier Hochschwindigkeitsbereiche, in denen über 270 km/h gefahren werden können, aber die Durchschnittsgeschwindigkeit pendelt sich doch insgesamt bei nur 140 km/h ein. Das wiegt die Fahrer in Sicherheit, und eines ist nun wirklich erstaunlich. In all den Jahren, in denen in Monte Carlo gefahren wurde, gab es – trotz zahlreicher Malaisen – „nur" zwei tödliche Unfälle.

Im Jahre 1952 verunglückte der Italiener Luigi Fagioli beim Training zum Sportwagen-Grand-Prix tödlich, und 1967 verbrannte sein Landsmann Lorenzo Bandini, als sein Wagen auf einen Stahlpoller raste und explodierte. Einen spektakulären Unfall überlebte dagegen im Jahr 1933 der junge Rennfahrer Rudolf Caracciola („Carratsch"). Während des Trainings versagten an seinem Alfa Romeo die Bremsen, worauf der Deutsche mit 120 km/h gegen eine Laterne fuhr. Die Ärzte mußten sein schwerverletztes rechtes Bein um fünf Zentimeter verkürzen, was ihn freilich nicht daran hinderte, seine Karriere äußerst erfolgreich fortzusetzen und auch drei Jahre später in Monaco zu siegen.

Glück hatte auch der junge Österreicher Karl Wendlinger, der 1994 in der Hafenschikane nach der Tunnelausfahrt bei einer geschätzten Geschwindigkeit von 270 km/h verunglückte, 18 Tage lang im Koma lag, aber sich – abgesehen davon, daß er keine Formel-1-Rennen mehr bestreitet – von dem Schrecken des Unfalls einigermaßen erholte.

Der Kurs in Monaco (3,328 Kilometer lang) wird von acht Kurven und Schikanen geprägt, die alle ihre bedeutungsvollen Namen haben. Die Kurve Sainte Dévote zum Beispiel bezieht sich auf die gleichnamige Kapelle und erinnert an Monacos Schutzheilige. Die Massenet-Schikane ist nach dem französischen Komponisten (1842 bis 1912) benannt, das Hotel Mirabeau ist Namensgeber einer weiteren Kurve; die ehemalige Bahnhofskurve heißt nach dem dort neu errichteten Hotel nun Loews. Weitere klangvolle Namen: Portier, weil dort früher ein zentraler Treffpunkt der Kutscher war,

Tabac, weil der berühmteste Tabakladen der Côte d'Azur so hieß, La Rascasse, da der zarte Mittelmeerfisch so genannt wird und auch das dortige Restaurant so heißt, und zum guten Schluß noch Noghes. Sie ist dem ersten Präsidenten des Automobilclubs von Monaco gewidmet – er war übrigens auch der Erfinder der berühmten Rallye Monte Carlo.

Weil in Monaco nicht so schnell wie anderswo gefahren werden kann, dreht sich fast alles nur um die Reifen und die Boxenstopps. Die Rennstrategien sind mehr noch als bei anderen Formel-1-Rennen wichtiger als die zur Verfügung stehenden Pferdestärken. Ein Boxenstopp zur rechten Zeit kann Gold wert sein – und die Fahrer und Teams müssen Geduld aufbringen. Das verrückte und verregnete Rennen von 1996 zum Beispiel bewies das ganz anschaulich. Von 22 gestarteten Fahrzeugen blieben sage und schreibe 18 auf der Strecke. Sieger wurde Oliver Panis auf Ligier-Mugen-Honda, wobei Panis damals noch ein recht unbeschriebenes Blatt war. Ein russisches Sprichwort sagt: „Alles wird zu dem kommen, der Geduld hat." Panis hatte diese Geduld – und wurde belohnt.

In Monte Carlo wurden im Laufe der Jahre viele Geschichten geschrieben, die sich zu erzählen lohnen. Eine davon betrifft einen ganz außergewöhnlichen Mann, einen Rennfahrer namens Charles William Frederick Grover, der unter dem Pseudonym „Williams" an den Start gegangen war. Einzelheiten verdanken wir dem österreichischen Journalisten Heinz Prüller, dem exzellentesten Kenner der Formel-1-Szene. Die Einzelheiten, geschildert in der Schweizer Zeitschrift *Sport*: Es war im Jahr 1929, erstmals wurde ein Grand Prix in Monaco veranstaltet, und „Williams" fuhr auf einem Bugatti zum Sieg. Dieser Mann aber hatte ein interessantes Leben hinter sich und ein schlimmes Schicksal vor sich: Er war Chauffeur eines Millionärs in England, heiratete später dessen Frau und tummelte sich auf den Rennstrecken der Welt, züchtete außerdem Hunde und Pferde. Bei Kriegsausbruch meldete er sich zum britischen Geheimdienst, sprang im besetzten Frankreich mit dem Fallschirm ab und arbeitete mit französischen Rennfahrern (bekannt geworden sind die Namen Dreyfus und Benoist) in der Résistance zusammen. Mehrmals entkam er der Gestapo, überstand nach seiner Festnahme alle Folterungen und wurde am 15. März 1945 im KZ Sachsenhausen hingerichtet.

Ein anderer Sieger hat auch Besonderes im Sport geleistet, geriet aber auch zwischen die Mühlsteine der Politik. Manfred von Brauchitsch, Mercedes-Rennfahrer der 30er Jahre und adeliger Herkunft, nach 1951 wegen „staatsfeindlicher Tätigkeit" in der Bundesrepublik per Haftbefehl gesucht –

er gehörte dem sogenannten „Komitee für Einheit und Freiheit im deutschen Sport" an, laut Verfassungsschutz eine kommunistische Tarnorganisation. Er entzog sich der Festnahme und siedelte in die DDR über, wurde dort erst Sportpräsident des Allgemeinen Deutschen Motorsportverbandes (ADMV) und später Präsident der DDR-Gesellschaft zur Förderung des olympischen Gedankens. Noch als über 90jähriger berichtet er nach der politischen Wende voller Begeisterung: „1938, als ich in Monte Carlo siegte, da mußte man noch gehörig die Backen zusammenkneifen, mein lieber Mann: Die Pneus waren schmal und dünn wie Veloreifen, die Motoren aber stark." Sein Schnitt im Silberpfeil: 101,8 km/h, er war also der erste Sieger, der in Monaco über 100 km/h erreichte.

Die Pneus heutzutage sind natürlich keine Veloreifen mehr, sie sind von ganz anderem Kaliber. Wie entscheidend der Poker um die Reifen ist, wird ganz besonders in Monte Carlo deutlich. In der Reifenangelegenheit ist man dort nämlich inzwischen bei der weichsten Gummimischung angelangt, die es überhaupt gibt. Sie muß sich geschmeidig dem Asphalt anpassen, damit die Bodenhaftung (in Insider-Kreisen als Grip bekannt) nicht verlorengeht. Und weil das überholen noch weniger möglich ist als auf anderen Strecken, bleibt das Reifen-Roulette zusammen mit den Tankstopps das entscheidende Rennelement. So gesehen unterscheidet sich Monte Carlo von allen anderen Formel-1-Rennen, von den Palmen, vom Meer, vom Klima und dem ganzen Drumherum – es ist eben etwas ganz Besonderes.

Rekordsieger Senna

Der Große Preis von Monaco in Monte Carlo zählt zu den Rennen mit der größten Tradition. 1929 wurde dort das erste Rennen überhaupt veranstaltet, 1950 ging dann das zweite Formel-1-Rennen der Geschichte über die Bühne. Dieses Rennen hatte gleich einen dramatischen Aspekt. In der Tabac-Kurve verkeilten sich neun Wagen ineinander. Aus der Spitzengruppe kam nur einer ungeschoren davon: Juan-Manuel Fangio, der sich einen Weg durch das Chaos aus verbeultem Blech und zerrissenen Fahrwerken bahnen konnte und das Rennen am Ende für sich entschied.

Die meisten Kollisionen und auch die sogenannten „Notwasserungen" im Hafen verliefen glimpflich. Betroffen davon waren auch einmal Alberto Ascari und Paul Hawkins. Doch Lorenzo Bandini hatte nicht soviel Glück: er fand 1967 nach einem schweren Unfall in der Hafen-Schikane in einer Feuersbrunst den Tod. Daß die Strecke in Monte Carlo außergewöhnliche Bedingungen stellt, sieht man auch daran, daß es zwar zahlreiche Mehrfachsieger gibt, andererseits aber die Franzosen Maurice Trintignant, Jean-Pierre Beltoise und Oliver Panis ihre einzigen Grand-Prix-Erfolge dort feiern durften. Sechs Siege holte der Brasilianer Ayrton Senna, davon gewann er fünfmal nacheinander (1989 bis 1993); der Engländer Graham Hill, der später bei einem Flugzeugabsturz tödlich verunglückte (er ist der Vater von Weltmeister Damon Hill), verbuchte fünf Siege auf seinem Konto; der Franzose Alain Prost gewann viermal. Je dreimal trugen sich Michael Schumacher und Jackie Stewart in die Siegerliste ein.

In den vergangenen 47 Jahren wurde der Kurs mehrmals modifiziert, aber immer handelte es sich dabei um kleine Retuschen, die vor allem dazu dienen sollten, Gefahrenpunkte zu entschärfen. Wichtig ist vor allem die Wahl der Reifen, denn der Bodenbelag der Strecke erfordert anpassungsfähige, weiche Gummiwalzen. Und weil es sehr eng zugeht auf den Straßen des Stadt-Staates, haben die Reifenwechsel und Tankstopps, also der Aufenthalt an den Boxen, zentrale Bedeutung für die Rennen. Das zeigte sich auch beim Regenrennen 1997, bei dem die Wahl der Reifen das Rennen zugunsten von Michael Schumacher entschied.

Deutsches Springderby

Deutsches Springderby

Reitersleut' bereiten gute Freunde auf Pulvermanns Grab vor

Solange die Menschen die Pferde lieben, lieben die Götter die Menschen.
(Altgermanischer Spruch)
Dem edeln Pferde, das du reiten willst, mußt du seine Gedanken ablernen, du mußt nichts Unkluges, nichts unklug von ihm verlangen. (Goethe)

Würde Johann Wolfgang von Goethe noch unter uns weilen, bestimmt hätte er – analog seiner vorstehenden Worte – auch etwas zu sagen gehabt zu jenem Ereignis, das heute wieder beginnt auf den Koppeln eines alten Gutshauses im Hamburger Stadtteil Klein-Flottbek: das Deutsche Springderby. Bereits im Jahre 1920 schuf der Hamburger Kauf- und Reitersmann Eduard F. Pulvermann jenen Parcours, den man noch immer als den weltweit schwersten bezeichnet. Der Grund dafür sind Hindernisse, nachempfunden jenen Sprüngen bei der Jagdreiterei in der holsteinischen Landschaft. An Statistiken mangelt es nicht, und diese lassen auch Spielraum für Überlegungen, ob man guten Freunden, die die Vierbeiner ja schon den Germanen waren, solche Prüfungen eigentlich zumuten sollte. Das Deutsche Derby in Klein-Flottbek verlangt den Pferden nämlich durch die Einzigartigkeit seiner Hindernisse Reaktionen ab, auf die diese nicht vorbereitet sind. So die Steigungen und Abstiege in Verbindung mit Sprüngen oder das Koppelrick mit Graben, wo dieser so versteckt ist, daß er im toten Winkel liegt und erst spät von den Pferden gesehen wird. Auch der Oxer kann heimtückisch sein: Selbst wenn das Buschgrün niedriger ist als die weiß gestrichenen Stangen, richten sich die Pferde beim Sprung nur nach dem Grün.

So verwundert es nicht, wenn etwa von 1920 bis 1951 von 860 Starterinnen und Startern nur ganze neun fehlerfrei blieben. Darunter auch 1951 ein gewisser Fritz Thiedemann auf Meteor. Jenes Pferd, beinahe so bekannt wie Hans-Günter Winklers Halla, war prädestiniert für eine Prüfung wie das Deutsche Derby: robust, raumgreifend, sprunggewaltig, großrahmig.

Daß ein Pferd wie Halla ebenfalls in der Siegerliste des Deutschen Derbys erscheint, führt Hans-Günter Winkler auch noch heute auf die Sonderstellung zurück, die Halla zukam. „Wir hatten uns beide ja für die Olympischen Spiele 1952 in Helsinki für die Vielseitigkeit qualifiziert, die damals noch unter dem Begriff Military lief.“ Halla sei gegenüber Meteor zwar graziler und feingliedriger gewesen, doch vom Sprungvermögen stand sie dem „Dicken“, wie Fritz Thiedemann sein Pferd liebevoll nannte, nicht nach. Immer wieder werden die Zuschauer in Klein-Flottbek die Erfahrung machen, die Hugo Simon als einer der besten Reiter aller Zeiten so umschreibt: „Man braucht ein spezielles, erfahrenes Pferd. Ein Parcours wie dieser steht ähnlich nur noch in Hickstead in England. Im Springsport von heute sind die Natursprünge verschwunden.“

Nun gehört ein Hugo Simon nach dem vierfachen Gewinn des Deutschen Derbys zu jenen, die sich dort nicht weiter beweisen müssen. „Dies hätte ich auch nicht gemußt“, erinnert sich ein Hans-Günter Winkler, „aber als ein ganz Großer gilt man erst, wenn man auch das Deutsche Derby gewonnen hat.“ Und so hält die jetzige Elite schon seit Jahren Ausschau nach Pferden, die robuster sind als jene, mit denen man in die normalen Turniere geht. Denn inJahren, in denen große Wettbewerbe anstehen, ist man natürlich nicht so dumm und reitet sich unter Umständen sein bestes Stück beim Derby zuschanden.

Nun gab und gibt es auch Reitersleute wie Alwin Schockemöhle in Mühlen oder Karsten Huck im schleswig-holsteinischen Borstel, die hatten und haben schon die richtigen „Brecher“ für das Derby, doch für einen Sieg – mit dem Gewinngeld von 50 000 Mark prämiert – gilt es, mehr zu tun. Und so kamen sie auf die Idee, den gesamten Parcours von Klein-Flottbek – oder auch nur Teile davon – zu Hause für das Training zu kopieren. Gleiches hat Ludger Beerbaum in Riesenbeck praktiziert und errang prompt 1998 seinen ersten Derbysieg auf Champion Du Lys.

Apropos „Pulvermanns Grab“: das hört sich ja an, als habe der Begründer des Derbys dort seine letzte Ruhestätte gefunden. Die Vertiefung nach innen, zum Wasser, legt diese Vermutung zwar nahe, doch das persönliche Schicksal von Eduard F. Pulvermann gibt zu solchen Bezügen eigentlich keinen Anlaß. Der Hamburger wurde nämlich 1944 im KZ Neuengamme zu Tode gefoltert.

Überhaupt die Kriegsjahre: sie waren, wie nicht anders zu erwarten, der große Einschnitt in die Historie dieser Veranstaltung. So zog sich über den Derbyplatz ein Panzergraben, Richterturm, Einfriedung, Hindernisse und Bestuhlung wurden in den Wirren zum Heizen gebraucht. Kaum war der Krieg zu Ende, sollten aus dem Gelände Schrebergärten werden. Dies konnte jedoch der damalige Vorsitzende des Norddeutschen und Flottbeker Reitervereins verhindern.

60 000 Reichsmark an Kosten für die Wiedererrichtung der Anlage hatte man errechnet, sage und schreibe mehr als 30 000 wurden bei einer Mitgliederversammlung im Mai 1948 aufgebracht. Nur zwei Monate später wollte man das erste Springderby nach dem Kriege veranstalten, als die Unsicherheiten der Währungsreform einen Strich durch die Planungen machten: Lieferanten und Handwerker blieben einfach aus. Da ein Provisorium selbst in diesen schweren Zeiten wohl nicht hanseatischer Kaufmannsart entsprach, entschloß man sich zur endgültigen Absage, veranstaltete aber im Herbst des gleichen Jahres das erste Turnier. Nach einem weiteren Turnier im Mai 1949 fiel dann der Entschluß, es Ende Juni des gleichen Jahres mit dem Wiederbeginn des Derbys zu wagen. Es hatte in Käthe Schmidt-Metzger aus Flottbek die zweite Siegerin nach Frau von Opel im Jahre 1934. Im Jahre 1952 dann der erste Erfolg eines Ausländers durch einen US-Major.

Rekordgewinner des deutschen Derbys ist der Brasilianer Nelson Pessoa, der 1962 erstmals in der Siegerliste stand und danach noch sechsmal. Überhaupt sind immer wieder viele "Oldtimer" dabei gewesen in den vergangenen Jahren – außer Pessoa, der sogar nach einer Herzattacke wieder in den Sattel gestiegen war, Achaz von Buchwaldt oder der Brite John Whitacker. Und sie ritten selbst auch wieder auf rechtschaffenen Pferde-Oldtimern: mit dem irischen WallachVivaldi zum Beispiel, dem Holsteiner Wallach Lausbub oder dem Oldenburger Gammon. Pferde, die auch in Hamburg Geschichte geschrieben haben in all den Jahren – unddanach auf der Weide auf alle Fälle besser aufgehoben waren als auf Pulvermanns Grab...

Seit mehr als 70 Jahren übers Koppelrick

Der schwerste Parcours der Welt führt seit mehr als 70 Jahren – mit einer zehnjährigen Unterbrechung durch den Zweiten Weltkrieg – über die gleichen Hindernisse. Er hat heute eine Länge von 1230 Metern bei 17 Hindernissen mit 24 Sprüngen.

Hier die Reihenfolge vom Start bis zum Ziel:

Koppelrick:	Doppelbalken in einer Flucht mit einer Höhe von 1,30 Metern.
Doppel-Koppelrick:	Wie Koppelrick, doch mit einer Höhe von 1,40 Metern und parallelen Stangen mit einem Zwischenraum von 1,30 Metern.
Die kleinen Wälle:	Zwei an der Zahl, je 1,50 Meter hoch, liegen elf Meter auseinander. Das abschließende Rick ist 1,60 Meter hoch.
Der Wassergraben:	Mit einer Breite von 4,50 Metern.
Die Palisade:	Der Steilsprung ist 1,60 Meter hoch und 4,50 Meter breit.
Der große Wall:	Über ein 1,20 Meter hohes Rick erfolgt der Aufsprung. Auf der vollen Höhe des Walles, die drei Meter beträgt, ist ein ein Meter hohes Rick zu überspringen.
Der Absprung:	Als Abgang vom Großen Wall gilt er als schwerster Parcours-Teil.
Die weiße Bretterplanke:	Nur einen Galoppsprung hinter dem Großen Wall mit einer Höhe von 1,60 Metern. Hier gibt es seit jeher die größte Fehlerquote.

Koppelrick mit Graben:	Es sieht harmlos aus mit seinen 1,50 Metern Höhe, doch ein 1,50 Meter breiter Graben, noch dazu im toten Winkel, erfordert höchste Konzentration.
Das große Holztor:	Mit einer Höhe von 1,60 Metern ist es nur leicht verankert.
Doppel-Birkenrick:	Ein gewaltiges Hindernis. Je 1,60 Meter hoch, mit einem Zwischenraum von 1,90 Metern.
Der Oxer:	1,60 Meter hoch und 1,80 Meter weit.
Die Eisenbahn-Schranken:	Eine Zweier-Kombination mit 1,40 Metern (vorne) und 1,46 Metern Höhe (hinten). Der Zwischenraum beträgt 7,50 Meter.
Das Holsteiner Tor:	Mit einer Höhe von 1,60 Metern.
Pulvermanns Grab:	Einmalig auf der Welt. Der Einsprung der Kombination ist 1,50 Meter hoch, dann geht es gut sieben Meter bergab. Am tiefsten Punkt liegt der zwei Meter breite Wassergraben. Dann wieder sieben Meter bergauf zum Aussprung, einem 1,20 Meter hochen Rick.
Die Feldsteinmauer:	1,60 Meter hoch, mit einem Sockel aus Stein und einem Aufsatz aus Holz.
Der Holsteiner Wegesprung:	Letzte Zweier-Kombination. Die beiden Ricks mit Gräben davor und dahinter haben eine Höhe von 1,50 Meter und stehen elf Meter auseinander.
Die Holzmauer:	Führt direkt ins Ziel und ist 1,60 Meter hoch.

Cup-Finale England

Das englische Cup-Finale

Alt und häßlich kann die Braut sein, Tickets muß sie haben

Als Arsenal endlich das geschafft hatte, was bis dahin in diesem Jahrhundert nur drei Teams vergönnt war, ist Nick Hornby schwindelig geworden. Vor Freude, natürlich. Arsenal London, sein Team, hatte gerade das Double gewonnen, englischer Meister und Gewinner des FA-Cup-Finales, und zwar in ein und derselben Woche, dummerweise ohne Nick Hornby. Er war damals, 1971, gerade 14 Jahre alt, und seine Mutter ließ ihn mitten in der Woche noch nicht allein zu Abendspielen gehen, und er war am Samstag auch nicht in Wembley, „weil Dad trotz gegenteiliger Beteuerungen keine Karte rüberwachsen ließ". Was der mittlerweile 42 Jahre alte Hornby seinem Vater bis heute nicht vergessen hat. „Ja, es stimmt, ich bin darüber auch zwanzig Jahre später noch verbittert." Inzwischen ist Nick Hornby so etwas wie Kult, nicht nur in England, seit er „das beste Buch über Fußball" (taz) geschrieben hat. „Ballfieber" („Fever pitch") heißt es, in dem der fanatische, rettungslos parteiische Arsenal-Fan seine Fußball-Besessenheit zu erklären versucht, und in dem Kapitel „wie ich das Double gewonnen habe" beschreibt Hornby sehr schön, wie er anderntags mit einem „glückseligen Lächeln" in die Schule stolziert war. „Ich war Arsenal und hatte ein Anrecht auf meine triumphale Glückseligkeit."

Andere gingen andere Wege zur „triumphalen Glückseligkeit". Und entwickelten, um sich eines der begehrten und deswegen heute bis zu 850 Pfund (umgerechnet etwa 2000 Mark) teuren Tickets für das etwas andere Finale zu besorgen, eine bemerkenswerte Ideenvielfalt. Vermutlich war jener Fan auch ein bißchen älter als der gute Nick, jedenfalls, so ist es überliefert, suchte er mit Hilfe einer Annonce eine Braut. Sie könne ruhig alt und häßlich sein, aber sie müsse am Samstag vor dem Wembleystadion auf ihn warten – mit zwei Tickets für das Endspiel. Denn Karten für den finalen Kick sind mühsam nur zu ergattern, und das hat etwas zu tun mit dem eigenartigen System der Verteilung, denn einen freien Verkauf gibt es nicht. Je 25 000 Karten bekommen die beiden Finalisten, das Restkontingent wird nach einem ausgeklügelten System verteilt unter allen Vereinen und Vereinigungen in den Grafschaften. Dieses Verfahren schafft natürlich Begehrlichkeiten, vor allem zieht es Schwarzmarkthändler magisch an, was bisweilen peinliche Folgen haben kann: Der Coach der irischen Fußball-Nationalmannschaft, Mick McCarthy, etwa hat 1995 zwei Karten für das Sechsfache des Originalpreises verkauft, was er nicht durfte. Prompt ist er erwischt worden und vom Fußballverband für die nächsten zehn Jahre von der Kartenzuteilung ausgeschlossen worden. Vor Jahren ist auch der berühmte Sir Bobby Charlton auf den Index geraten. Nein, Gnade gibt's keine, auch nicht für einen leibhaftigen Weltmeister.

Nun ist das englische Cup-Finale der Football Association (F.A.) auch kein gewöhnliches Endspiel. Es ist viel mehr, mindestens der sportliche Höhepunkt auf der Insel, wahrscheinlich aber eine Institution wie Big Ben, Queen Mutter oder die Diskussionen at Speakers Corner im Hydepark. „Sämtliche Meisterschaften und Cup-Spiele auf der ganzen Welt basieren auf dem FA-Cup", hat Martin Corrie, Pressesprecher der „Wembley Stadium Limited" mit typisch britischem Understatement gesagt. Der FA-Cup, 1872 das erste Mal ausgetragen, ist etwas Einmaliges, beinahe Magisches. Kein Fußballspiel zieht auf der ganzen Welt so viele Menschen in seinen Bann, selbst Farmer in Neuseeland, erzählen sie gerne, treiben am Cup-final-day ihre Schafe früher von der Wiese, um pünktlich vor den Fernseher zu kommen. Und eingefleischte Anhänger im Mutterland des Fußballs würden lieber auf den Five o'clock tea verzichten als auf den Auftritt ihrer kick-and-rushenden Lieblinge in Wembley.

Der FA-Cup ist der älteste Fußballwettbewerb der Erde, 16 Jahre älter noch als die englische Liga. Gut 125 Jahre nach dem ersten Kick gibt es das berühmteste Fußballendspiel immer noch. Bislang hat es 117 Spiele auf dem berühmten und in der Woche zuvor extra zweimal millimeterkurz geschnittenen Rasen gegeben, und auch die 118. Auflage wird, wie der wegen einer spektakulären und inzwischen wissenschaftlich erwiesenen Fehlentscheidung zu Weltruhm gelangte Schiedsrichter Gottfried Dienst einmal sagte, wieder „ein spektakuläres Spiel" werden, wie immer, „egal, wer im Finale steht".

Das hat natürlich viel mit der besonderen Atmosphäre des Wembley-Stadions zu tun, in dem nur Länderspiele und eben die Finales gespielt werden. Das hat viel mit Traditionen zu tun und mit dem Wissen, daß, wer in Wembley spielen darf, etwas Besonderes vollbracht haben mußte. Das beinahe religiöse Moment ist allgegenwärtig, die Rituale Jahr für Jahr ähnlich, morgens etwa begrüßen Radiomoderatoren ihre Hörer mit einem fröhlichen „good morning, it's cup-final-day". Etwa eine halbe Stunde vor dem Anpfiff wird die Kirchenhymne „Abide with me" („Lebe mit mir, Herr") gesungen, dann marschieren die Teams ein, die Nationalhymne erklingt, die Spieler werden einem Mitglied des englischen Königshauses vorgestellt. Die Zeremonien haben etwas Mystisches, fast Heiliges, was zur Folge hat, daß Randale oder Schlägereien nicht üblich sind, selbst Platzverweise sind die absolute Ausnahme. Der allererste Feldverweis, man glaubt es kaum, wurde 1985 ausgesprochen. Auch Pfiffe oder Buhrufe sind im berühmten Stadion mit den Zwillingstürmen eher unbritisch.

Und natürlich ranken sich Legenden um das populäre Finale. Elton John etwa, der Pop-Barde und Besitzer des FC Watford, soll sich, 1984 war das, nach der 0:2-Niederlage seines Klubs gegen den FC Everton so gegrämt haben, daß er das Lied „Sad Song" komponiert hat. Andy Linighan von Arsenal brach sich 1993 die Nase, als er, 20 Sekunden vor dem Schlußpfiff, den 2:1-Siegtreffer gegen Sheffield Wednesday erzielte. Was ihn nicht weiter beeindruckt hat, „alles, was ich sagen kann, ist, daß ich eine Weile nicht mehr in der Nase bohren werde". Was vielleicht gar nicht so schlecht ist, zumindest verhinderte sein Einsatz eine Premiere: Bis 1998 ist nie ein Finale im Elfmeterschießen entschieden worden, was auch daran liegt, daß die Spiele bei unentschiedenem Ausgang nach Verlängerung wiederholt werden. Das kann sich ziehen: Endspiele, die bis zu fünfmal wiederholt werden mußten, sind durchaus möglich, jedenfalls sind Neuauflagen nicht gänzlich ungewöhnlich, um den Sieger auf dem heiligen Rasen zu ermitteln. Mit dieser Tradition freilich ist jetzt, kurz vor der Jahrtausendwende, gebrochen worden: Künftig soll es bei unentschiedenem Ausgang naach Verlängerung ein Elfmeterschießen geben. Dort stand am häufigsten Manchester United, die bislang 14mal im Cup-Finale stand, elfmal hat das auch der FC Liverpool gepackt, wobei sich beide Teams zweimal, und zwar 1977 und 1996, im Endspiel trafen. „ManU" hat es zudem als erste Mannschaft in der 125jährigen Geschichte geschafft, zum zweiten Mal das Double zu gewinnen. Den höchsten Sieg in einem FA-Cup-Finale übrigens landete 1903 Bury, das Derby County mit 6:0 in die Katakomben schickte. Das Double gewannen noch der FC Preston (1889), Aston Villa (1897), Tottenham Hotspur (1961), Arsenal London (1971) und der FC Liverpool (1986).

Unvergeßlich bleiben natürlich die Männer, die dem Pokalfinale ihren Stempel aufgedrückt haben: Stan Matthews natürlich, der Sir am Flügel, der im Alter von 38 Jahren mit Blackpool gegen die Bolten Wanderers nach einem 1:3-Rückstand noch 4:3 gewann. Mortensen erzielte da drei seiner insgesamt vier Cup-Final-Tore (das vierte schon 1948) und ist damit der Spieler, der die meisten Tore erzielt hat. Oder „Bert“ Trautmann, der 1956 eine Viertelstunde lang mit gebrochenem Halswirbel spielte, seinem Klub Manchester City das 3:1 (über Birmingham City) rettete. Oder Torhüter Jim Montgomery, der mit zwei in der englischen Presse als „Jahrhundertparaden“ eingegangenen Rettungstaten 1973 vor 100 000 Zuschauern den Sensationssieg von Sunderland rettete. Oder Jack Devey, der das schnellste Finaletor schoß: Nach 30 Sekunden schon zappelte der Ball im Netz im Spiel zwischen Aston Villa und West Bromwich Albion, und es sollte 1895 das einzige bleiben. Oder Paul Gascoigne, das verrückte Genie, der 1991 zum tragischen Helden wurde, als er, damals noch für Tottenham Hotspur kickend, einen Nottinghamer foulte und sich selbst dabei das Kreuzband riß. Den fälligen Freistoß übrigens hatte Stuart Pearce ins Tor geschossen. Oder doch Eric Cantona, der 1994 zwei Tore zum glatten 4:0-Sieg von Manchester über Chelsea beisteuerte und damit als erster Franzose ein FA-Cup-Finale gewonnen hatte? Und „Eric the Frog“ reagierte denn auch standesgemäß: „Das ist der größte Augenblick in meinem Leben.“ Wie für viele, die das FA-Cup-Finale in ihren Bann gezogen hat.

White Horse Final

Das allererste FA-Cup-Finale wurde am 16. März 1872 angepfiffen: Die Bolton Wanderers schlugen vor 125 Jahren die Royal Engineers mit 1:0, und zwar im Londoner „Kennington Oval“, inzwischen weltweit eines der berühmtesten Cricket-Stadien, allerdings wollten das Spiel nur 2000 Menschen sehen. Seit 1895 pilgerten die Zuschauer dann zum FA-Cup-Finale nach Crystal Palace, ebenfalls in der Hauptstadt.

Im Wembley-Stadion wird seit 1923 gekickt: Aus Anlaß der ein Jahr dauernden „British-Empire-Exhibition“ wurde die Arena binnen 300 Tagen aus dem Boden gestampft und sollte als Symbol für Macht und Größe des Empires stehen. Erst vier Tage vor der Eröffnung, nämlich dem Cup-Finale zwischen West Ham United und Bolton Wanderers am 28. April, konnten die Arbeiten abgeschlossen werden, und um die Stabilität der Tribüne einem

Belastungstest zu unterziehen, marschierte ein Infanterie-Bataillon im Gleichschritt über die Ränge. Wie sich zeigte, war die Arena tauglich.

Und schon das Eröffnungsspiel ging in die Geschichte ein: Das Stadion faßte seinerzeit 127 000 Zuschauer (heute: 78 000), eine Stunde vor dem Anpfiff füllten weit mehr als 200 000 Begeisterte sogar den gesamten Innenraum, der heilige Rasen war schwarz vor Menschen. Was folgte, war der legendäre Auftritt des Polizisten George Scorey und seines Schimmels Billy. Langsam und bedächtig ritt er in konzentrischen Kreisen über den Platz und drängte so die Menschen vorsichtig zurück: Unter den Augen von König George V. räumten die beiden binnen einer Stunde das Spielfeld. Seitdem ist dieses Endspiel als „White Horse Final“ in die Annalen eingegangen. Nach der bemerkenswerten Räumungsaktion standen die Zuschauer wie eine Mauer an der Außenlinie, zur Pause konnten die Spieler den Platz nicht verlassen – eine Gasse zu den Kabinen zu bilden war unmöglich. Es gewannen die Wanderers mit 2:0, wobei der zweite Treffer durch J. R. Smith für Wirbel sorgte: Die Fans standen so dicht hinter dem United-Tor, daß der Ball aus dem Netz heraussprang.

NERS 1997
IODS

500 Meilen von Indianapolis

Die 500 Meilen von Indianapolis

Das Rennen im vier Kilometer langen „Nudeltopf" erfordert eine außergewöhnlich mentale Stärke

„Der typische, traditionelle Indy-Fahrer kennt sein hartes, kurzes Oval, auf dem er genau weiß, daß schon ein kleiner Fehler ihn an die Wand werfen kann – von wo er dann in den heranrasenden Pulk geschleudert wird. Nur wenn er mit viel Geduld seine Lehrzeit durchzustehen bereit ist und es vermeidet, vorzeitig ins Nirwana zu verschwinden, hat er die Chance, etwas zu werden." So hat es ein unbekannter Zeitzeuge in dem Buch *Autorennen von damals und heute* beschrieben, und es ging dabei um das langgezogene Oval in Indianapolis.

Und das ist wahr, Fahrfehler verzeiht die Piste, die entgegen dem Uhrzeigersinn befahren wird, nicht. Die vier Kurven, welche genaugenommen gar keine Kurven sind, sondern das „Rechteck" nur abrunden, sind allerdings nur für den oberflächlichen Betrachter harmlos. Mit einem Tempo von über 350 km/h durchfahren, verengen sie sich bei neun Grad Überhöhung auf gefährliche Millisekunden-Präzision. Erschwerend für die Fahrer kommt hinzu, daß sie sich inmitten eines rasenden Feldes noch mit Brems- und Überrundungsmanövern sowie den diffizilen Tankstopps beschäftigen müssen. Kein Wunder, daß es in Indianapolis immer wieder schwere Unfälle gibt, beeinflußt vor allem von physikalischen Gesetzen – weil bei diesen hohen Geschwindigkeiten eine extrem lange Zeit vergeht, ehe ein Rennwagen zum Stillstand gebracht werden kann, seien die Bremsen auch noch so zupackend. Aber gerade in dieser Phase, in der die Piloten mehr gefordert werden als beim „Geradeausfahren", passieren Crashs am häufigsten.

Indianapolis ist ein Riesenspektakel, aber auch Weltanschauung für viele. 350 000, manchmal über 400 000 Zuschauer lauschen im Renn-Mekka im Bundesstaat Indiana der mit viel Pathos vorgetragenen Nationalhymne, dann heißt es: „Gentleman, start your engines." Nach dieser Zauberformel beginnt ein infernalisches Gebrüll der über 380 km/h schnellen Boliden. Die Menschenmassen drängen sich um Imbißstände und in Unterhaltungsshows; das Publikum sucht die Abwechslung, während die Fahrer in höchster Konzentration am Lenkrad arbeiten müssen, um im „Nudeltopf" zu gewinnen – oder doch wenigsten ungeschoren zu bleiben. Mario Andretti, einst ein auch in Europa bekannter Rennfahrer, vor allem aber Experte beim Indianapolis-Spektakel, unterstreicht das: „Die Ideallinie verläuft sehr schmal, und das Fahren am Limit über die lange Distanz von 800 Kilometer erfordert eine ungeheure mentale Stärke." Die „Indy 500" sind ein merkwürdiges Rennen, was aber auch in der Geschichte begründet ist. Noch immer ist vor dem wie ein schwarzes Lineal in den Himmel ragenden Anzeigeturm auf der Zielgeraden ein ganz schmales Band jenes Original-Straßenbelages erhalten geblieben, der dem Oval seinen ursprünglichen Namen verlieh: „brickyards" – Kopfsteinpflaster! Moderne und sentimentaler Hang zur Tradition gehen hier Hand in Hand . . .

Kurz nach der Jahrhundertwende gab es auch in den USA zahlreiche Automobilsport-Wettbewerbe; dabei tauchte bald ein Problem besonderer Art auf: die Zuschauermassen waren organisatorisch nicht mehr zu bewältigen und stellten die Veranstalter – insbesondere auf öffentlichen Straßen – vor immer neue Herausforderungen. William K. Vanderbilt, ein Millionär, der aus dem Pferderennsport kam, begeisterte sich schnell an den vierrädrigen Fahrzeugen. Kurzerhand setzte er sich auch hinein und errang mehrere Siege. Da er nicht gerade unbescheiden war, erklärte er sich selbst zum „amerikanischen Automobilmeister" und gründete außerdem die „National Automobil-Racing Association" der USA. Schon um 1904 gab es Rennen um den von ihm ins Leben gerufenen Vanderbilt-Cup, und der Zeitungsverleger Gordon Bennet beteiligte sich ebenfalls an der Organisation von Autorennen – selbst in Deutschland. So wurde ein Gordon-Bennet-Rennen auch im Taunus ausgerichtet. Im Gegensatz zu Vanderbilt fuhr Bennet aber nicht selber Rennen, sondern ließ sich lieber mit dem Vierspänner kutschieren.

Wegen des gewaltigen Zuschauerinteresses baute Vanderbilt den Long Island Motorpark – eine Strecke nur für den Motorsport. Fast zeitgleich bauten in Savannah im Staat Georgia Sträflinge im Jahre 1910 eine permanente Strecke.

Dies alles gehört auch zur Vorgeschichte der „500 Meilen von Indianapolis", denn einige Geschäftsleute hatten vom Zuschauer-Boom gehört und wollten das für eigene Geschäfte nutzen. In ihrer Heimatstadt Indianapolis beschlossen sie – angeführt von einem gewissen Carl G. Fisher –, ebenfalls einen permanenten Kurs zu errichten; das bot sich auch an, weil Indianapolis zur damaligen Zeit ein bedeutendes Zentrum der sich entwickelnden Autoindustrie war. Und der rechteckig angelegte Kurs von 4023 Meter Länge sollte bald eine der berühmtesten Strecken der Welt werden, obgleich das ganze Unternehmen zunächst auf ein Desaster zusteuerte. Bei einigen kleineren Rennen im Jahre 1909 stellte sich heraus, daß der zunächst aufgebrachte Kiesbelag nicht fest genug war, was zahlreiche Unfälle zur Folge hatte. Daraufhin beschlossen die Besitzer zweierlei: die gesamte Strecke wurde mit 3,2 Millionen Ziegelsteinen „verbessert", und es wurde jedes Jahr nur ein einziges Rennen veranstaltet – zunächst immer am 30. Mai, dem „Memorial day" in den USA, was sich natürlich nicht auf ewige Zeiten durchhalten ließ, so daß das Rennen jetzt immer für das letzte Mai-Wochenende terminiert ist.

Und daß das Rennen 500 Meilen lang ist, hat einen historischen Grund: das Tageslicht sollte ausreichen, um den Wettbewerb zu Ende zu bringen. Für die damaligen Durchschnittsgeschwindigkeiten von rund 140 km/h also ein durchaus angebrachtes Limit.

Doch die Rennen in Indianapolis wurden immer schneller. Insbesondere nach dem Zweiten Weltkrieg stiegen die Durchschnittsgeschwindigkeiten permanent an. 1949 siegte Bill Holland noch mit einem Schnitt von 195,21 km/h, fünf Jahre später erreichte Bill Vukovich bereits 210,52 km/h, 1962 fuhr Roger Ward knapp 230 km/h. Im Jahr 1990 lag Arie Luyendiek (Niederlande) als Überraschungssieger minimal unter der 300-km/h-Grenze; inwischen wird zwischen 350 und 370 km/h schnell gefahren.

Auch die Preisgelder stiegen kontinuierlich an. Nach 1945 wurden rund 100 000 Dollar ausgeschüttet, 25 Jahre später war die Million überschritten, heutzutage erhält der Sieger schon über eine Million, der dritte kann immer noch über 600 000 Dollar einstreichen. Nach wie vor werden alle erwirtschafteten Profite wieder in die Rennstrecke investiert. Der heutige Besitzer heißt Tony George, ist der Neffe des früheren Besitzers Anton Hulman jr. und gleichzeitig der Initiator der „Indy Racing League (IRL)". Indianapolis hat berühmte Fahrer angelockt oder hervorgebracht. Der Texaner A. J. Foyt, der über ein Vierteljahrhundert lang in Indy startete und mehrmals gewann, war einer von ihnen, Mario Andretti und Sohn Mike, die Familie Unser mit Vater Al, seinem Sohn Al (auch die Brüder des Vaters waren bekannt), dazu Emerson Fittipaldi mit Sohn Christian; Nigel Mansell, der 1993 Formel-1-Weltmeister war – und zuletzt auch Jacques Villeneuve, dem Formel-1-Fahrer, Sohn seines berühmten und in Zolder tödlich verunglückten Vaters Gilles.

Trotzdem bleibt Indianapolis eine motorsportliche Veranstaltung eigener Art, ohne wirklichen Anschluß an das internationale Renngeschehen, selbst wenn die Rennen zwischen 1950 und 1960 Qualifikation zur Formel-1-Weltmeisterschaft waren. Nicht alle großen Rennfahrer waren im Nudeltopf gefahren, aber für viele von ihnen (Alberto Ascari, Juan-Manuel Fangio, Graham Hill, Jim Clark, der immerhin 1965 gewann, Jack Brabham) war es eben eine Frage der Ehre, wenigstens einmal in ihrem Leben dort gefahren zu sein und die einzigartige Herausforderung angenommen zu haben.

IndyCar, CART, IRC

Reichlich Verwirrung gab es in den Jahren 1996 um die IndyCar-Rennen in den USA, was aber 1997 juristisch folgendermaßen entschieden worden ist: Die IndyCar-Serie heißt seit 1997 nicht mehr IndyCar-CART, sondern wie früher schon einmal CART-Serie. CART (Car Auto Racing Teams) ist aber nach wie vor die Vereinigung der IndyCar-Teams und nach wie vor Ausrichter der populären US-Rennserie. Gleichwohl darf CART den Namen „IndyCar" nicht länger im Titel tragen, da dies ein eingetragenes Warenzeichen des „Indianapolis Motor Speedways" ist. Indianapolis jedoch ist Erfinder der „Indy Racing League (IRL)", einer eigenen Serie also. Alles klar?

Die Ursprünge für das Durcheinander liegen weiter zurück. Der klassische Begriff lautet IndyCar und ist ursprünglich abgeleitet vom Indianapolis-Rennen. IndyCar-Wettbewerbe wurden von jeher überwiegend auf Ovalkursen gefahren. Manche Teams liebäugelten in der Vergangenheit aber auch mit Rundstrecken-Rennen außerhalb der „Nudeltöpfe", so daß IndyCar-Konkurrenzen mehr und mehr auch auf „normalen" Rundstrecken gefahren wurden. Das schmeckte Tony George, dem Enkel des 1977 verstorbenen Eigners des „Indianapolis Motor Speedway" keineswegs, und er rief die „Indy Racing League (IRL)" ins Leben.

Der Machtkampf und die daraus resultierende Spaltung eines Teils des US-amerikanischen Motorsports entwickelte sich im Kampf um Zuschauereinnahmen, Fernseh-Honorare und Einschaltquoten. Auch nationalistisches Gedankengut spielt dabei eine Rolle. Tony George verzichtet zum Beispiel bei seiner IRL auf Auslandseinsätze (während die CART-Konkurrenz u. a. in Australien und Brasilien gastiert) und will gleichzeitig den Einfluß fremder Motorenlieferanten (Honda, Mercedes, Toyota) eindämmen.

Zu den technischen Aspekten der Serien: Gegenwärtig sind im IRL-Reglement Vier-Liter-Saugmotoren von Oldsmobile und Nissan anstelle der Turbo-Antriebsaggregate vorgesehen, die Chassis werden von Dallara oder G-Form geliefert. Die Rennwagen, die äußerlich den Formel-1-Boliden ähneln, unterscheiden sich jedoch in einigen Grundprinzipien von den Formel-1-Rennern, bei denen sich jedes Team irgendwo die Chassis bauen läßt. In der CART-Serie werden zum Beispiel lediglich vier benutzt, nämlich von Reynard, Lola, Eagle und Penske. Die Teams kaufen diese Grundkonfigurationen und bauen Motoren von Honda, Ford, Mercedes und Toyota ein. Penske arbeitet dabei exklusiv mit Mercedes zusammen. Bis 1994 wurden nur Goodyear-Reifen eingesetzt, seit 1995 kann auch auf Firestone-Pneus zurückgegriffen werden.

91 ▲

99 ▲

107 ▲

115 ▲

123 ▲

►

139 ▲

147 ▲

155 ▲

163 ▲

Fußball-WM

Fußball-Weltmeisterschaft

Für kurze Zeit trägt die Welt einen Ball auf den Schultern

„Viele sagen, Fußball ist eine Sache auf Leben und Tod. Das stimmt nicht, sie ist viel wichtiger als das." (Bill Shankley, Manager FC Liverpool.)

Vermutlich hat Mister Shankley ja recht. Und vermutlich gilt das nicht nur für Brasilianer, Kolumbianer oder andere fanatische Südamerikaner, sondern für die ganze globale Fußballgemeinde. Zuweilen erhält ein schon lange nicht mehr profanes Fußballspiel, noch dazu eines, das verloren gegangen ist, eine geradezu irrationale, unglaubliche Bedeutung. Leben oder Tod: das hängt bisweilen an einer Stiefelspitze. 1994 etwa bezahlte der kolumbianische Verteidiger Andres Escobar ein Eigentor (beim 1:2 gegen die USA) mit dem Leben: Ein paar Tage, nachdem die ambitionierten Südamerikaner überraschend früh ausgeschieden waren aus dem Turnier in den Staaten, ist der Fußballer in seiner Geburtsstadt Medellin ermordet worden, durchsiebt von Pistolenkugeln, auf offener Straße verblutet. 44 Jahre zuvor hätte der haushoch favorisierten brasilianischen Nationalmannschaft im berühmten, proppenvollen Maracana-Stadion von Rio de Janeiro gegen Uruguay ein läppisches Unentschieden zum ersten WM-Titel gereicht, doch sie unterlagen dem kleinen Nachbarn vom Rio de la Plata mit 1:2. Der sichergeglaubte Titel war futsch, das ganze Land trug nicht nur Trauer. Die Zeitung Campeas notierte seinerzeit: „Ganz Brasilien vom Weinen der Verzweiflung ergriffen! Leichenzug! Symbolisch tot vor Trauer und untröstlichem Schmerz!" Die verantwortlichen Trainer, so ist überliefert worden, hatten die Betonschüssel Maracana nur deshalb lebend verlassen können, weil sie in Frauenkleidern kein Mensch erkannt hatte. Als die Putzkolonne anderntags die Arena fegte, fanden sie vier Leichen – sie hatten Selbstmord begangen.

So ist das also, wenn Sport und speziell der Fußball derart an Wichtigkeit erlangt hat, und so ist das eben, wenn Fußball–Weltmeisterschaften angepfiffen werden, dem, nach Olympischen Spielen, wichtigsten Sportereignis schlechthin. Da grassiert dann für ein paar Wochen der reine Wahnsinn, nichts ist mehr so wie es war, nur noch ein Thema gibt es an Stammtischen und in Kantinen, und das ist rund, „König Fußball" regiert, und alle Welt, so hat es den Anschein, hat einen Ball zwischen den Schultern. Denn was zieht Menschen, auch völlig sportdesinteressierte, mehr in den Bann als ein WM-Endspiel, dieses Drama der Moderne. Was ist schon eine Regierungsumbildung gegen den berühmten Aufschrei „Aus, aus, Deutschland ist Weltmeister", was ein Nobelpreis in Literatur gegen das „Jahrhundertspiel" von Mexiko zwischen Italien und Deutschland, was ein Mißtrauensvotum der Opposition gegen Ronaldos mysteriöse Krankheit unmittelbar vor dem WM-Finale von Paris, die ihn so schwächeln ließ, daß die Brasilianer verloren, welche Peinlichkeit kann größer sein als die „Schmach von Cordoba"? Wer fühlt nicht mit Franco Baresi, den großen alten Mann Italiens, der – gerade von einem Meniskuseingriff genesen – in den USA im WM-Finale 1994 den entscheidenden Elfmeter gegen Brasilien verschossen hat? Was gibt es, andererseits, überhaupt Schöneres auf der Welt, als im Endspiel das Siegtor zu schießen? Nichts, werden Zinedine Zidane, Andreas Brehme, Burruchaga, Altobelli, Rossi, Tardelli, Mario Kempes, Gerd Müller oder etwa Jose Leandro Andrade sagen. Jose . . . Wer?

Jose Leandro Andrade war ein farbiger Außenläufer aus Uruguay, und in den zwanziger Jahren wohl einer der besten Spieler. Ein Zeitgenosse beschrieb sein Spiel so: „Sein fabelhaftes Können rief spontanen Beifall hervor. Der lange Andrade fällt bei Uruguay durch sein bevorzugtes Kopfballspiel auf. Die Neger scheinen wirklich Schädel wie Kokosnüsse zu haben." Er sicherte Uruguay 1930 in Montevideo bei der allerersten Weltmeisterschaft prompt den nach dem damaligen FIFA-Präsidenten Jules Rimet benannten Pokal, allerdings litt das erste Turnier ein wenig darunter, daß lediglich vier europäische Mannschaften (Belgien, Jugoslawien, Rumänien und Frankreich) teilnahmen und das Centenairo-Stadion in Montevideo (mit 100 000 Zuschauern seinerzeit das größte) wegen langanhaltender Regenfälle erst ein paar Tage nach dem offiziellen WM-Beginn fertiggestellt war. Schon damals waren die Sitten rauh, dem belgischen Schiedsrichter John Langenus wollten sie schon in der Vorrunde an den Kragen. Kein Wunder, daß der Schiri dann vor dem

Endspiel (Uruguay – Argentinien 4:2) forderte, keine „argentinischen Revolver“ ins Stadion zuzulassen. Er hat's, das darf verraten werden, überlebt. Ein Zeitgenosse aus Deutschland senkte dennoch in seiner WM-Bilanz den Daumen: „Man wird nicht fehl gehen, dem unter dem Namen ‚Weltmeisterschaft‘ in Montevideo aufgezogenen Fußballturnier keine höhere Bedeutung zuzumessen als dem Genfer ‚Turnier der Nationen‘“. Da hat sich der Genosse dann doch ein wenig arg verschätzt.

„Ich weiß auch heute noch nicht, ob der Ball drin war. Und wenn Sie mich nach 100 Jahren wieder ausgraben, und ich komme neu auf die Welt, weiß ich es immer noch nicht.“ Alle Welt weiß, wer das gesagt hat, und alle Welt weiß auch, um welch' Tor es geht. Es ist das berühmteste Nichttor in der Geschichte des Fußballs, jenes 3:2 durch Geoffrey Hurst 1966 im Londoner Wembleystadion in der Verlängerung des Finales zwischen Deutschland und England, das der Schweizer Schiedsrichter Gottfried Dienst in Absprache mit seinem Linienrichter Tofik Bachramanow gegeben hat. Bundespräsident Heinrich Lübke war der einzige Deutsche, der „es ganz genau gesehen“ hatte, „es war ein Tor“. Es war natürlich kein Tor, wie Jahrzehnte später ausgerechnet zwei britische Wissenschaftler der Oxford-Universität herausgefunden hatten. Was freilich nichts daran ändert, daß England Weltmeister bleibt. Auch Maradonas Tor im Viertelfinale 1986 gegen England entbehrte einer gewissen Regelmäßigkeit. „Also. Der Ball kam geflogen. Da hab ich nur noch die Augen zugemacht, ein bißchen Maradonas Kopf und ein bißchen die Hand Gottes.“ So sagte der kleine Wirbelwind damals, es brachte den Argentiniern, dank des auch ansonsten alle überragenden Maradona, den WM-Gewinn.

Neben Nichttoren gab es bei den Weltmeisterschaften auch zumindest ein Nicht-Spiel: 1982, als Deutschland und Österreich ein 1:0-Sieg der DFB-Elf für das Erreichen des Achtelfinales gereicht hätte. Und als Horst Hrubesch nach zwölf Minuten den Ball ins Tor geschossen hatte, stellten beide Teams das Fußballspielen ein: Sie schlossen, unausgesprochen, einen Nichtangriffspakt, schoben sich gelangweilt die Bälle hin und her und kegelten somit mit diesem Possenspiel die Algerier aus dem Wettbewerb. Einen „Fußballporno“ nannte das der niederländische Volkskrant, Eberhard Stanjek weigerte sich standhaft, die Schmierenkomödie weiter für die ARD zu kommentieren, fürs Ansehen der deutschen Nationalmannschaft war dies beschämender als zwölf Jahre später ein in die Höhe gereckter Mittelfinger. Was gab es aber auch für denkwürdige, fesselnde und an Spannung kaum zu überbietende Partien, was heißt Partien: Schlachten, Kämpfe, Duelle. In der Höhenluft Mexikos etwa spielte sich 1970 zwischen den Mannschaften Deutschlands und Italiens ein wahres Drama ab, das in die Annalen eingehen sollte und zum besten Spiel dieses Jahrhunderts werden würde. 1:0 führten die Italiener im Aztekenstadion, bis Sekunden vor Schluß eine Flanke des „besten Einwechselspielers des Turniers", des Frankfurters Jürgen Grabowski, in den Strafraum segelte, wo Karl-Heinz Schnellinger die Kugel mit der Stiefelspitze ins Tor drückte. Verlängerung, Gerd Müller stochert den Ball über die Linie, Burgnich gleicht aus, Riva schießt das 3:2, Müller das 3:3, und dann schickt Rivera den Sepp Maier in die falsche Ecke – 3:4, Italien steht im Finale (und verliert in einem erneut denkwürdigen Match gegen Peles Brasilien mit 1:4). Deutschland, das bereits im Viertelfinale gegen den alten Erzrivalen England einen 0:2-Rückstand in der Verlängerung in einen 3:2-Sieg umgewandelt hatte, ist dank eines Tores von Wolfgang Overath Dritter (1:0 gegen Uruguay) geworden.

Oder vier Jahre zuvor in England, als Nordkorea im Viertelfinale gegen Portugal bereits mit 3:0 geführt hatte und Eusebio, der damals beste Spieler, allein vier Tore in Folge erzielte, vom Finale und dem berühmten dritten Tor mal ganz zu schweigen. Oder 1982 in Spanien das Halbfinale zwischen Frankreich und Deutschland, als die Franzosen mit dem besten Mittelfeld aller Zeiten Platini, Giresse, Tigana und Fernandez schon in der Verlängerung mit 3:1 in Front lagen, um dann im Elfmeterschießen noch auszuscheiden. Oder der Sieg der brasilianischen Supermannschaft 1958 in Schweden (5:2 gegen Schweden), als der Stern des jungen Pele mit zwei Toren aufzugehen begann. Oder 1954 das Endspiel zwischen den seinerzeit als unschlagbar geltenden Ungarn und den Deutschen, die „das Wunder von Bern" mit „dem Geist von Spiez" vollbrachten. Oder Kameruns Spielkunst bei der WM 1990 in Italien gegen England, die leider nichts fruchtete (2:3 n. V.). Oder die „Wasserschlacht von Frankfurt" 1974 (Deutschland gegen Polen, 1:0), unvergessen bleibt auch der historische Sieg der DDR in Hamburg gegen die DFB-Elf und Jürgen Sparwassers Tor. Oder 1982 das Viertelfinale Italien gegen Brasilien, als Paolo Rossi alle drei Tore zum 3:2-Sieg für die „Azzurris" beisteuerte. Oder 1994, als Rumänien die Fußballmacht Argentinien (mit einem allerdings gedopten Maradona) bereits im Achtelfinale aus dem Wettbewerb beförderte.

Und da gab es ja noche einen kleinen Mann aus Korschenbroich, der als Trainer bei zwei Weltmeisterschaften unter seiner Verantwortung nicht so eine gute Rolle gespielt hat. 1994 war Berti Vogts´ Nationalmannschaft im Viertelfinale an Bulgarien (1:2) gescheitert, vier Jahre später gar an Kroatien (0:3). Schlimmer, viel schlimmer, als die Niderlage aber war der peinliche Auftritt des Berti Vogts nach dem Schlußpfiff. In Streßsituationen zeigt sich ja, ob einer Größe hat oder nicht. Der deutsche Bundestrainer hatte sie nicht. Erst verschwand er, ohne Trainerkollegen Miroslav Blazevic zu verdienten Erfolg zu gratulieren, in den Katakomben, um sich dann in den Fernsehstudios mit kruden Verschwörungstheorien als denkbar schlechter Verlierer zu präsentieren. Der Schiedsrichter sei schuld, moserte er hilflos rum, dann reichte er gar den Schwarzen Peter der Einfachheit halber anden Weltfußball-Verband FIFA weiter. O-Ton Vogts: "Möglicherweise hat es irgendwelche Anweisungen gegeben. Vielleicht ist der deutsche Fußball zu erfolgreich gewesen und sollte jetzt bestraft werden." Ein paar Wochen später war Berti Vogts Geschichte.

Die Welt-Fußballspiele waren aber auch immer geprägt von überragenden Individualisten, die ihren Teams ganz allein den Stempel aufgedrückt und zuweilen das ganze Turnier geprägt haben: Der Brasilianer Romario (1994) etwa oder Toto Schillaci (1990) oder Paolo Rossi (1982), wobei gerade die beiden italienischen Stürmer nur während der WM auftrumpften und hernach in der Versenkung verschwanden. Oder Mario Kempes, der 1978 Argentinien praktisch im Alleingang zum Titel schoß. Bobby Charlton, Bobby Moore, Geoffrey Hurst, der drei Tore in einem Finale erzielte, Eusebio, Helmut Haller, Johan Cruyff, Lato, Diego Maradona, Pele, Garrincha, Vava, Fritz Walter, Ferenc Puskas, di Stefano, Kocsis, Lothar Matthäus, Franz Beckenbauer, „Bomber" Gerd Müller, der 1970 in Mexiko zwar allein zehn Tore erzielte und doch nicht an den Rekord von Just Fontaine heranreichte, den Franzosen, der es 1958 in Schweden auf 13 Tore in sechs Spiele brachte. Aber auch „Lambadatänzer" Roger Milla, Georghe Hagi, Jürgen Sparwasser, Ronaldo, Zidane, Davor Suker, Michael Owen, Matthias Sindelar, Hans Krankl, Riva, Rivera, Roberto Baggio, Tostao, Rivellinho, Sokrates, Deyna, Lew Jaschin, Tresor, Tigana, Platini waren WM-Stars und bleiben wohl auch für immer im Gedächtnis haften. Unsterblich, sozusagen.

Irreguläre Titel

Seit 1930 werden Weltmeisterschaften angepfiffen, 16 an der Zahl bisher, und bislang haben nur sieben Länder die wertvollste Trophäe im Fußball gewinnen können: Brasilien am häufigsten, nämlich viermal, vor Italien und Deutschland, die jeweils dreimal erfolgreich waren, Argentinien und Uruguay mit jeweils zwei Turniersiegen sowie England und Frankreich. Dabei hätten die Weltmeister auch anders heißen können, das hat unter anderem die Internationale Föderation für Fußball-Historie (IFFHS) bei weltweiten Recherchen herausgefunden. Zum Beispiel 1934: Da hätte Italien, Gastgeber und späterer Weltmeister, schon nach dem Qualifikationsspiel gegen Griechenland (4:0) disqualifiziert werden müssen, weil der Halblinke Nereo Rocco (AC Triest) zur Halbzeit gegen Giovanni Ferrari (Juventus Turin) ausgetauscht worden war, obwohl ein Auswechseln seinerzeit noch gar nicht möglich war. Zudem hätten damals mehrere ausländische Spieler ohne Spielberechtigung für Italien gespielt. Nach dem FIFA-Reglement mußte ein Spieler wenigstens drei volle Jahre in seinem neuen Land leben und durfte ebenso lange nicht mehr für sein altes Land gespielt haben. Diesen Tatbestand hätten, nach Informationen der IFFHS, der Brasilianer Anfilogino Guarisi und der Argentinier Enrico Guaita nicht erfüllt. Italien hätte also 1934 niemals Weltmeister werden dürfen.

Und hätte England 1966 auch gewonnen, wenn das ominöse 3:2 tatsächlich nicht gegeben worden wäre? Jedenfalls war es nicht drin, das ist erwiesen, seit sich die beiden Wissenschaftler Dr. Andrew Zisserman und Dr. Ian Reid von der renommierten Oxford-Universität dieses berühmten „Tores“ angenommen hatten. Die beiden Briten verwendeten eine neue TV-Technik zur mehrdimensionalen Auflösung der Bilder mit der Möglichkeit der Perspektiv-Veränderung. Deutschland also Weltmeister, posthum sozusagen? Oder hätte es trotzdem gereicht für die Briten? In Mexiko 1986 nahm Diego Armando Maradona im Viertelfinale die „Hand Gottes“ zu Hilfe, um Englands Nationalmannschaft zu bezwingen. Es war das 2:1 und offenkundig irregulär, doch der Unparteiische gab den Treffer, Argentinien wurde später Weltmeister (3:2 gegen Deutschland). Mit einem besseren Schiedsrichter wären die Südamerikaner vielleicht gar nicht ins Finale eingezogen. Muß jetzt nicht etwa die Geschichte der WM in weiten Teilen neu geschrieben werden?

24 Stunden von Le Mans

Die 24 Stunden von Le Mans

Die Apokalypse des Motorsports mit 85 Todesopfern

Sie gehören einfach dazu, sie hören niemals auf zu wabern, die Duftschwaden von den nahen Rummelplätzen, die zuerst Appetit machen auf Pommes, Bratwurst, Hamburger und Crêpes. Sie gehören dazu wie die nie verstummende plärrende Musik der Karussells, der Riesenräder und der Achterbahnen, die Unterhaltung und Nervenkitzel für all die bringen sollen, die sich an dem eigentlichen Ereignis erst einmal sattgesehen haben. Und die vielleicht auch gar nicht deswegen gekommen sind, um sich hauptsächlich dem Geschehen auf dem 13,6 Kilometer langen Asphaltband vor sich zu widmen, die den Lärm der Rennmotoren, der sich unaufhaltsam in ihre Ohren bohrt und sich nicht mehr aus dem Gehirn verdrängen läßt, entweder als stimulierende Begleitmusik oder irgendwann sogar als störenden Nebeneffekt ihrer ureigenen Erlebniswelt, ihrer persönlichen „24 Stunden von Le Mans“ empfinden.

Der Klassiker auf dem Traditionskurs im mittleren Westen Frankreichs, das berühmteste Langstreckenrennen der Welt – für die einen in erster Linie nur Kulisse für verschiedenste Vergnügungen der ganz besonderen Art – für die anderen, die Fahrer, die Techniker, die Mechaniker, die größtmögliche sportliche Herausforderung. Hier geht es um die letzte Bestimmung der eigenen Grenzen und Möglichkeiten, ein Sieg ist das größte Ziel für die „Großen“ mit dem entsprechenden Können, der Technik und dem entsprechenden Aufwand an Mensch und Material hinter sich – das Ziel für die anderen heißt vor allem durchkommen.

Wenn sich morgens kurz vor fünf der Himmel im Osten wieder aufhellt, die Schwärze der Nacht allmählich bleichem Morgenlicht und dann – hoffentlich – strahlender Sonne Platz macht, wenn einige Nachtschwärmer doch kurz in ihre mitgebrachten Schlafsäcke auf den Tribünen oder auf den

Campingplätzen kriechen, während andere sich gerade nach einem kurzen Nickerchen wieder daraus hervorschälen, wenn es kaum noch gelingt, die Müdigkeit aus dem Kopf und aus den Gliedern zu verdrängen, wenn selbst hartgesottene und „kampferprobte" Mechaniker sich für eine Mütze Schlaf in einen Klappstuhl in eine Ecke der Boxen zurückziehen, in der Hoffnung, daß das von ihnen betreute Material nicht gerade jetzt beschließt, ebenfalls der Ermüdung und Erschöpfung anheimzufallen und massive Einsätze zu fordern, dann ist die Zeit der Grenzen von Mensch und Technik nahe. Dann mischt sich in jeden nötigen Handgriff ein besonderer Zwang zur Konzentration, die Angst vor einem Fehler, das Wissen, daß genau dieser Fehler der sein kann, der zu nicht wiedergutzumachenden Folgen, zur großen Katastrophe führt . . .

24 Stunden, in denen harte Bremsmanöver vor scharfen Kurven die Bremsscheiben immer wieder zum Erglühen bringen, sie lassen keinen Spielraum für Fehler, sie bestrafen gnadenlos. Die Glücklichen „nur" mit dem Verenden der Maschinen, dem Verlust der Chancen auf Erfolg, dem Zwang zum Rückzug, dem Hoffen-müssen auf das nächste Mal, die Unglücklichen mit dem Verlust der Gesundheit oder gar des Lebens . . .

Die Geschichte der 24 Stunden von Le Mans, die bereits 1923 begann, wird für immer untrennbar verbunden bleiben mit dem Schatten von 1955, mit der Erinnerung an die größte Katastrophe in der Motorsportgeschichte überhaupt . . .

Es war der 11. Juni, noch in der Anfangsphase des Rennens, am frühen Abend, zweieinhalb Stunden nach dem Start. Auf der Geraden vor der Box fuhr der Engländer Mike Hawthorn, der zum Nachtanken hereinkommen mußte, hinter dem deutlich langsameren Austin-Healey seines Landsmannes Macklin. Anstatt sich nach rechts in Richtung Boxeneinfahrt zu orientieren, überholte Hawthorn, um ja keine Zeit zu verlieren, ihn noch schnell links und zog dann mit einem plötzlichen Bremsmanöver nach rechts in Richtung Boxengasse.

Um auszuweichen, zog der überraschte Austin-Pilot nach links, doch dort kamen von hinten mit Tempo 250 die Mercedes-Wagen von Pierre Levegh und dahinter von Juan-Manuel Fangio angeschossen. Fangio, der es irgendwie schaffte, durch das entstehende Chaos unbeschädigt durchzukommen, war sich später stets hundertprozentig sicher, daß Levegh ihm noch ein Handzeichen gegeben hatte, um ihn vor dem plötzlich aufgetauchten Hindernis zu warnen, ehe er selbst darauf auffuhr. Der Mercedes wurde hoch in die Luft geschleudert, flog, sich in seine Bestandteile auflösend und nach dem Aufschlag explodierend, in die Zuschauermenge. Die Apokalypse war da.

Charles Faroux, damals der Doyen der französischen Motorsport-Journalisten, war der amtierende Rennleiter – und er entschied, das Rennen nicht abzubrechen, unter anderem mit der Begründung, ein Abbruch würde das Chaos nur vergrößern, Rettungsarbeiten behindern und möglicherweise zu Zuschauerausschreitungen führen. Gerade das letzte dieser Argumente ist nicht aus der Mode gekommen, es wird auch heute noch gerne benutzt, wenn es darum geht, zu rechtfertigen, nach einem tödlichen Unfall möglichst ganz normal weiterzumachen, die Tagesordnung nicht zu unterbrechen – Imola 1994 läßt grüßen . . .

Auch damals, 1955 in Le Mans, sollte alles so normal wie möglich weitergehen, während noch bis lange in die Nacht hinein die Sirenen der Ambulanzwagen aus Le Mans und den umliegenden Städten heulten, während sich allmählich der Überblick über das Ausmaß der Tragödie formte, Schreckenszahlen zur Gewißheit wurden. 81 Menschen, hieß es zunächst, starben zusammen mit Levegh, 81, aus denen später dann – endgültig – 85 wurden, 220 Verletzte . . . Nachts um zwei zog Mercedes zum Zeichen der Trauer und des Respekts vor den Opfern seine verbliebenen Autos zurück, in den frühen Morgenstunden strömten die Zuschauer bereits in das geräumte, gesäuberte, wieder freigegebene Areal der Katastrophe – angezogen von was? Von der Sensationsgier, der Faszination der Todesnähe – oder getrieben von Gleichgültigkeit?

Tragödien in Le Mans sind ein Teil der Realität dieser Veranstaltung, dieser Welt. Doch für die, die näher am Geschehen sind, die sich nicht in die betäubende Atmosphäre von Faszination, Spannung, dem schlichten Wunsch nach Vergnügen und Vergessen hingeben können und dürfen, die an den Boxen und dahinter weiter ihrer Arbeit nachgehen müssen, denen aber auch nicht – wie vielen Fahrern – zumindest in der Zeit hinter dem Lenkrad die absolute Konzentration im Cockpit die Chance des Verdrängens bietet, können die Stunden endlos werden bis zum Fallen der Flagge, bis zum Ende des Alptraums, in den sich der Traum von Le Mans von einer Sekunde zur anderen verwandeln kann.

Als der Österreicher Jo Gartner 1986 in den frühen Morgenstunden des 1. Juni auf der Hunaudieres-Geraden in seinem Kremer-Porsche starb, da legte sich eine bleierne Decke der Fassungslosigkeit, der absoluten Leere und der unterdrückten Tränen vor allem auf die deutschsprachige Kolonie, doch als die Sieger Hans Stuck, Derek Bell und Al Holbert kurz nach 16 Uhr aufs Podest stiegen, blieb die übliche Champagner-Dusche nicht ganz aus. „Vor allem als Dank an unsere Mechaniker, für ihre Arbeit", so damals Stucks Erklärung auf mancherseitiges Unverständnis.

„Nie wieder Le Mans", schwor sich damals Klaus Ludwig, doch als für das darauffolgende Jahr als Folge des Gartner-Unfalls die Hunaudieres-Gerade durch Schikanen entschärft wurde, nahm er das als Rechtfertigung, doch wieder „rückfällig" zu werden, sich der Faszination Le Mans doch wieder hinzugeben. Sie hat auch ihn nicht losgelassen. Die Faszination, die Le Mans die Verewigung in einem Film mit Steve McQueen brachte, die alles überstand, die Abschaffung des klassischen Le Mans-Starts mit Sprint zu den Autos 1970, der in früheren Zeiten einen ersten Beweis der Fitneß der Piloten forderte, die Schwierigkeiten zu Beginn der 90er Jahre, als die Abschaffung der Sportwagen-WM auch Le Mans in eine Krise stürzte, dem Rennen an Bedeutung nahm, die erst jetzt, durch den Aufschwung der neuen FIA-GT-Serie, wieder steigt.

Doch die Fans, sie kamen eigentlich immer – und sie werden wiederkommen Jahr für Jahr für dieses Wochenende. Für diesen Tag, diese Nacht, diese unvergeßlichen, unvergleichlichen 24 Stunden, die Kirmesbuden werden ihren Umsatz machen zwischen plärrender Musik im vergeblichen Versuch, den Motorenlärm zu übertönen, und dem Dunst der Hamburger- und Pommesbuden im Wettstreit mit den Dämpfen aus den Auspuffrohren der PS-Boliden. Und in den Boxen wird zwischen höchster Konzentration und Anspannung vielleicht der eine oder andere in einer ruhigen Minute in dieser langen Nacht einen Gedanken an die Hoffnung wagen, am kommenden Nachmittag den Siegeschampagner unbeschwert genießen zu können – ohne dabei wieder einmal eine Tragödie verdrängen, kurzzeitig vergessen zu müssen . . .

Viele Formel-1-Stars

Die Siegerliste der 24 Stunden von Le Mans liest sich wie ein Who is Who des internationalen Motorsports. Vielleicht nicht einmal so sehr bei den ersten Siegern 1923, den Franzosen Lagache und Leonard, oder auch nicht ganz so sehr bei den vorerst letzten, 1996, Manuel Reuter, Alexander Wurz und Davy Jones.

Aber dazwischen: Viele Formel-1-Stars finden sich in den Siegerlisten: Hermann Lang, Froilan Gonzales, Maurice Trintignant und Mike

Hawthorn in den 50er Jahren, Phil Hill, Lorenzo Bandini, Lodovico Scarfiotti, Jochen Rindt, Chris Amon, Bruce McLaren, Dan Gurney, Pedro Rodriguez in den sechzigern. . .

Auch der legendäre Jim Clark startete in Le Mans, konnte allerdings nie gewinnen. 1969 siegte zum erstenmal Belgiens Langstreckenspezialist Jacky Ickx, der in den folgenden Jahren mit insgesamt sechs Siegen, davon dreien in Serie 1975 bis 1977, zum König von Le Mans wurde. 1971 stellten der Österreicher Dr. Helmut Marko und der Niederländer Giis van Lennep mit 5335,313 Kilometern bei ihrem Triumph einen bis heute geltenden Distanzrekord auf.

Weitere prominente Siegernamen in den siebzigern und dann später in den achtzigern: Graham Hill, Henri Pecarolo, Gerard Larousse, Didier Pironi, Derek Bell, Paolo Barilla, Johnny Dumfries, Jan Lammers, in den neunzigern: Martin Brundle, Johnny Herbert, Bertrand Gachot, Derek Warwick, Yannick Dalmas, J. J. Lehto. . .

Der erfolgreichste Deutsche in Le Mans ist immer noch Klaus Ludwig, der sich 1979, 1984 und 1985 in die Siegerliste eintragen konnte. In der neueren Geschichte ebenfalls sehr erfolgreich: Hans-Joachim Stuck, der 1986 und 1987 zweimal ganz oben stand. 1989 waren sogar zwei deutsche Piloten im Siegerteam. Jochen Mass und Manuel Reuter gewannen zusammen mit dem Schweden Stanley Dickens auf einem Sauber-Mercedes. 1991 – in dem Jahr, in dem auch Michael Schumacher in Le Mans dabei war, zusammen mit den beiden anderen Mercedes-Junioren Karl Wendlinger und Fritz Kreutzpointner, aber durch einen Defekt trotz toller Leistung auf Platz fünf zurückgeworfen wurde – feierte Volker Weidler als Sieger seinen größten internationalen Motorsporterfolg überhaupt.

107 ▲

115 ▲

123 ▲

131 ▲

139 ▲

▶

155 ▲

163 ▲

171 ▲

179 ▲

Kieler Woche

Die Kieler Woche

Segeln für Kaiser, Führer und Völkerverständigung

„Die Kieler Woche ist nicht nur Mutter, sondern auch Vater aller Segelratten der Welt“, sagt Paul Henderson, Präsident der „International Sailing Federation“. „Das Wimbledon der Segler“ nennt sie NOK-Präsident Walther Tröger, „das größte Massensportfest zur See und zugleich ein Ereignis von Weltklasse“ formuliert der frühere Kieler Pressechef Werner Istel. Denn: „Die Kieler Wochen waren und sind die Wochen der kleinen Segel“, so der Kieler Schiffahrtsjournalist Bruno Bock. Und der Hamburger Segelchronist Alexander Rost sekundiert: „Das Segeln in kleinen Booten sorgte in der Kieler Woche von Anfang an für großen Sport – vor allem für Sport gar nicht großer Bürger.“ Trotz der elitären, von Großmannssucht geprägten Anfänge.

Neben den musikalischen Bayreuther Richard-Wagner-Festspielen gibt es wohl keine Traditionsveranstaltung mit internationaler Ausstrahlung, die so ungebrochen die Epochen überlebt hat und so in ihren wechselnden Gesichtern Zeitgeschichte widerspiegelt: Erst privater Seglerwettkampf, dann Kaiser-Besichtigungsveranstaltung, republikanische Sportwoche in der Weimarer Republik, Wettfahrt der Kriegsschiffe mit Brot und Spielen für das Volk in der Nazi-Zeit, schließlich Symbol des Wiederaufbaus und der Völkerverständigung.

Urgrund der Kieler Woche war „ein Spektakel einiger spleeniger reicher Herrschaften aus Hamburg“ und die Laune eines „monarchistischen Vergnügungsvereins“ (so damals die sozialdemokratische Volkszeitung). Privat und aus Lust gesegelt wurde Ende des letzten Jahrhunderts zunächst nur auf Berliner Gewässern und süddeutschen Seen. Im Jahre 1875 baute der Marine-Ingenieuraspirant Gustav Sonntag aus Berlin in Kiel die „Argo“, eine Yacht nur zum „Lustsegeln“. 1881 lieferte er sich mit zwei anderen

Marineoffizieren die erste Wettfahrt, was sich bis nach Hamburg herumsprach, wo 1868 schon der Norddeutsche Regattaverein (NRV) gegründet worden war. Dieser richtete im Sommer 1882 – das war die Geburtsstunde der Kieler Woche, die ihren Namen 1894 erhielt – die erste Regatta aus, mit 20 Booten aus dem In- und Ausland, und an der, wie in den beiden folgenden Jahren auch, sogar Großadmiral Alfred von Tirpitz teilnahm. 1885 segelte erstmals Prinz Heinrich mit, der im Kieler Schloß residierte und Chef des Kriegshafens war – jener Prinz Heinrich, dessen gleichnamige Mütze spätestens Bundeskanzler Helmut Schmidt auch bei Nicht-Seglern bekannt gemacht hat.

1887 wurde im „Reichskriegshafen der schimmernden Wehr“ (das war die Flotte, „des Kaisers liebstes Spielzeug“) in Kiel, wo das Marineoffizierskorps den Ton in der gehobenen Gesellschaft angab, der Marineregattaverein gegründet. Aus ihm wurde 1891 der Kaiserliche Yachtclub (KYC), mit dem Kaiser („Deutschlands Zukunft liegt auf dem Wasser“) als Kommodore und Heinrich als Vize-Kommodore. Später wurde aus diesem Verein – bei Beibehaltung des Traditionskürzels – der Kieler Yachtclub, der nach wie vor mit dem Norddeutschen Regattaverein, dem Verein Seglerhaus Wannsee und dem Hamburger Segelclub die Regatten ausrichtet. Bis 1914 war der Kaiser in jedem Jahr dabei. Seit 1950 ist der Bundespräsident präsent. Hitler war nie gekommen, angeblich weil er leicht seekrank wurde.

Erster internationaler Höhepunkt war 1895 die Kieler Woche mit der Einweihung des Kaiser-Wilhelm-(Nord-Ostsee-) Kanals, der „Willem Zwo“ auf seiner Dampfyacht „Hohenzollern“ beiwohnte, inmitten eines Korsos blumengeschmückter Boote, bei strahlendem Himmel. Bei diesem Anlaß wurde der heute noch gängige Begriff „Kaiserwetter“ geprägt.

Bis zu 500 Yachten kamen zu den Regatten. Die Segler waren Dänen, Norweger, Schweden, Franzosen, Engländer, Holländer, Belgier, Österreicher, Russen, Spanier, Amerikaner. Von Bedeutung war auch, daß im Bootsbau an der Kieler Schwentine der 1891 in England entwickelte Wulstkiel Einzug gehalten hatte, zuerst 1895 in der „Hay“, einer Yacht aus Zypressenholz, acht Meter lang und mit 80 Quadratmetern Segel. Der Aufstieg der „kleinen Segel“ begann mit den „Sonderlingen“, wie die Klasse genannt wurde, für die man sich im Jahre 1900 auf eine für Europa gültige Formel einigte, die dann ab 1906 auch weltweit Gültigkeit erlangte: 51 Quadratmeter Segelfläche, nicht teurer als 5600 Mark. Die wichtigste Bestimmung aber war, daß die Besatzung „Herrensegler“ sein mußten, Amateure. Vorbei war die Zeit, in der Aristokraten und reiche bürgerliche Reeder „den Damen schöntuend und mit einem Glas Rotspon in der Hand" (eine Zeitung) zuschauten, wie „bezahlte Hände", meist Fischer, ihre Boote lenkten.

1914 platzte die Meldung vom Attentat auf den österreichischen Thronfolger in Sarajewo, das der Startschuß für den Ersten Weltkrieg war, in die Kieler Woche. Als auf der Kaiseryacht „Meteor" die Fahne auf Halbmast ging, verabschiedete sich das britische Schlachtschiffgeschwader mit dem Flaggengruß „Freunde gestern, Freunde heute, Freunde morgen". Zwei Jahre später kanonierten sich deutsche und englische Mariner in der massenmörderischen Skagerrak-Schlacht in den Tod.

Mit dem Ende des Krieges begann nicht nur politisch eine neue Ära, sondern auch in der Segelei. Zunächst gingen am 4. November 1918 überall auf den grauen Kriegsschiffen im Kieler Hafen die roten Fahnen hoch. Das war der Beginn der Revolution, die zum Sturz der Monarchie führte. Züge mit Tausenden roten Matrosen rollten aus Kiel in das Land, nach Berlin, auch nach Frankfurt am Main, wo noch heute im „Frankfurter Hof" das Gericht „Roter Matrose" von der Quartiernahme in diesem Nobelhotel zeugt.

Ab 1920 wurde die demokratische Kieler-Woche-Tradition begründet, wie sie seit Ende des Zweiten Weltkrieges wieder gepflegt und weiterentwickelt wird: verknüpft mit Sport- und Volksfesten für alle („Fest auf dem grünen Rasen"), mit einer Woche internationaler Kunst, Kultur und Wissenschaft mit Treffen zur Verknüpfung der Ostsee-Staaten. Sportlich war die Kieler Woche ab 1920 endgültig nicht mehr Angelegenheit großer Zwei-Mast-Schoner-Yachten, sondern „Kleinbootsegeln" herrschte vor.

Die Nazizeit brachte zwiespältigen Aufwind. Die Reichsparteitage von Hitlers NSDAP vor Augen, hegte NS-Oberbürgermeister Behrens die Hoffnung, „das seglerische Nürnberg Deutschlands" zu machen, in der die Sportler sich „in jeder Sekunde als politischer Soldat des Reiches fühlen" sollten. Höhepunkte waren die Olympiade 1936 in Kiel. Erstmals errangen Deutsche, Berliner, eine Goldmedaille auf dem Starboot, „das kleiner war als die Beiboote der wilhelminischen Yachten", wie die Wende im Segeln auch beschrieben wurde.

1945, nach 90 Luftangriffen, die 85 Prozent der Kieler Häuser zerstörten, „war die Stadt ein Wrack" (Rost). Schon 1946 aber gab es wieder eine „Kiel week", als geschlossene Veranstaltung der Engländer, die Schleswig-Holstein besetzt hielten. Den Start in eine neue Ära bekundete Oberbürgermeister Andreas Gayk so: „Die Stadt Kiel hat den Mut, über ihren eigenen Schatten zu springen" und „stößt die Tür zu anderen Nationen auf, damit ein neuer, frischer Wind weht". Er gründete die „Gesellschaft der Freunde

Coventrys", für die englische Stadt, die von deutschen Bomben zerstört worden war, und wurde belohnt: Zur ersten Kieler Woche wieder unter deutscher Regie, 1948, kamen und sprachen der Bürgermeister von Coventry sowie führende Politiker aus Kopenhagen, Norwegen und Schweden. Schon 1955 segelte zum ersten Mal das diplomatische Korps aus Bonn mit. Seitdem sind die höchsten Vertreter anderer Staaten stets mit von der Partie.

Weitere markante Daten waren: die Segelolympiade 1972, zu der der Olympiahafen Schilksee gebaut wurde, der mit Platz für 300 bis 400 Boote alsbald schon zu klein wurde; 1973, als erstmals die DDR, Polen und die UdSSR wieder Delegationen schickten; 1982, als Kiel 100 Jahre Kieler Woche feierte; 1987 mit 100 Jahre Kieler Yachtclub; 1990, als 100 Teilnehmer aus der DDR ohne Meldegeld zugelassen wurden.

Zwei Gefahren bedrohen, neben dem Umfang, der immer wieder hervorragend gemanagt wird, die Regatten: So wurde 1994 sehr lauthals darüber gestritten, wie weit der Ruf nach „fernsehfreundlichen", nämlich kürzeren Rennen echten Sport zur Show degradiert. Welche Rolle dieses aus anderen Sportbranchen nur allzusehr bekannte Thema weiter spielt, zeigte sich auch 1997: Das neue 49er Olympiaboot, ein Zwei-Mann-Boot mit Doppeltrapez, „gilt als besonders zuschauer- und medienfreundlich", wird in einer Ankündigung betont. Die andere Gefahr ist aber weit schlimmer, auch für echten Sport: tagelange Windstille, Flaute, wie sie 1989 die ganze Kieler Woche lahmlegte. Weil das aber in der Geschichte der Kieler Woche bisher „eine Einmaligkeit" war (Organisationsleiter Dieter Rümmeli), darf in den nächsten Jahren mit frischen Brisen gerechnet werden.

Segelvergnügen

Die erste verbürgte sportliche Segelwettfahrt aus Vergnügen fand im Jahre 1661 zwischen einem König und seinem Bruder statt, auf der Strecke Greenwich–Gravesend auf der Themse; zwischen der „Catherine" des Königs Karl II. und der „Anne", der Yacht des Herzogs von York. Karl hatte am Yachtsegeln in Holland Gefallen gefunden. Yachten waren kleine Segelboote, die als Lotsenfahrzeuge, aber auch als Zollkutter wie als Schmugglerboote eingesetzt wurden. Gemeinsam war ihnen, daß sie flachgängig sein mußten und „am Wind" (also mit Seitenwind) segeln sowie von einer Leeküste (Lee: dem Wind abgewandt) freisegeln konnten. Mit solchen Booten segelten die Holländer seit dem 15. Jahrhundert aber auch beeindruckende Paraden, das „Admiralitätssegeln".

Das Wort Yacht stammt von dem holländischen „Jaghten", was Jäger heißt, aber auch Verfolger. Das Wort Regatta stammt aus Venedig. Überliefert ist es als Begriff für die erste Gondoliere-Wettfahrt im Jahre 1315.

Paradesegeln war auch der Beginn des „Lustsegelns" in Deutschland. Der erste deutsche Segelverein – gegründet 1835 – war die Berliner Tavernengesellschaft, die Bootskorsos veranstaltete. 1855 gründeten junge Leute in Königsberg den Segelverein „Rhe", der seit dem Zweiten Weltkrieg in Hamburg weiterexistiert. 1862 wurde der 1. Kieler Ruderclub gegründet, der 1869 gemeinsam mit dem Norddeutschen Regattaverein (Hamburg, gegründet 1868) eine Wettfahrt für Ruder- und Segelboote auf der Kieler Förde ausrichtete. Der Krieg mit Frankreich 1870/71 und die folgenden Jahre wirtschaftlicher Krisen ließen Folgeregatten nicht zu. 1882 gab es zehn Segelvereine in Deutschland. 1888 wurde, mit gewichtigem Einfluß der Berliner Segler, der Deutsche Seglerverband (DSV) gegründet.

115 ▲

123 ▲

131 ▲

139 ▲

147 ▲

►

163 ▲

171 ▲

179 ▲

187 ▲

Wimbledon

Das Tennisturnier von Wimbledon

Der gewaltige Irrtum des Mister Gore

Manchmal ist es ja doch von Vorteil, wenn der Prophet im eigenen Land nichts zählt. Hätte Mister Spencer Gore recht behalten mit seiner vor 120 Jahren aufgestellten Prognose, dann könnten heutzutage die herzoglichen Eheleute derer von Kent auch an den Tagen 364 und 365 des Jahres keinen ordentlichen Beitrag leisten zum Wohlbefinden wenigstens eines kleinen Teiles der illustren Gesellschaft, stünde vor einem altehrwürdigen Stadion im Südwesten Londons keine Bronzestatue eines gewissen Fred Perry und müßte eine Kleinstadt in Nordbaden Unsummen für eine Kampagne ausgeben, damit Heidelberg in aller Welt als Vorort von Leimen bezeichnet wird.

Doch er hatte irgendwie doch nicht das Gras wachsen gehört, der Gentleman, der erklärte: „Keiner, der es in einem anderen Sport jemals zu etwas gebracht hat, wird sich mit dieser Art, Tennis zu spielen, anfreunden können. Die Monotonie dieses Spiels, die unübersichtliche Zählweise und auch die Schwierigkeit, es zu erlernen, werden jeden wirklich sportinteressierten Menschen vertreiben. Ich bezweifle sehr stark, daß daraus jemals ein wirklich populärer Sport wird."

Man muß wissen, daß Spencer Gore nicht irgendein dahergelaufener Ignorant war, sondern ein Student mit überdurchschnittlichen Fähigkeiten in Kricket, Rugby und einem Rackets genannten Rückschlagspiel, und zum anderen der erste Wimbledonsieger der Geschichte. Am 19. Juli 1877 gewann der Mann das Endspiel dieses ersten Tennisturniers mit 6:1, 6:2, 6:4 gegen Julian Marshall.

Entgegen den Planungen mußte das Match an einem Donnerstag ausgetragen werden, weil die Teilnehmer am Freitag und Samstag zuvor dem Besuch des Kricketspiels zwischen Eton und Harrow Priorität eingeräumt hatten und danach der Regen kam.

Immerhin 200 Zuschauer aber wollten sich diese wunderliche Art und Weise, einen Ball über ein Netz hin- und herzubefördern, nicht entgehen lassen und zahlten einen Shilling Eintritt. Hinzu kamen die Teilnahmegebühren in Höhe von einem Pfund und einem Shilling von 22 Spielern, so daß am Ende zehn Pfund übrig blieben. Schon die Premiere hatte das einzige Ziel der Geldmacherei, woran sich ja bis heute irgendwie nichts geändert hat, nur daß der Zweck der Übung ein ganz spezieller war. Wurde das Geld doch dringend benötigt, um eine Rasenwalze reparieren zu können, ohne die auf dem vier Acres (ungefähr 160 Ar) großen Gelände an der Worple Road in Wimbledon vor allem fürs Kricket nicht der Boden hätte bereitet werden können. Und so kam ein Mann namens Henry Jones, der als Sekretär des Rasentennis-Ausschusses im 1868 gegründeten All England Croquet Club einen eher schweren Stand hatte, auf die denn doch irgendwie glänzende Idee, zur Finanzierung der Reparatur der Walze ein Tennisturnier zu veranstalten. Was nichts anderes heißt, als daß Wimbledon – und mithin Tennis – seine Existenz einem technischen Defekt zu verdanken hat.

Das mobile Stück britischen Stahls hat übrigens bis ins Jahr 1986 die Hoffnungen der an Ballwechseln interessierten Zuschauer plattgemacht, ehe es ins Museum wanderte. Das war dann der letzte Ortswechsel für die Walze, die im Jahr 1922 von der Worple Road in den neuen Centre Court an der Church Road verfrachtet wurde, wo der Club seither residiert. Die Liegenschaft von 42 Acres Land ist vollgepackt mit 32 Rasen-, acht Asche-, zwei Kunststoff- und fünf Hallenplätzen sowie einem kleinen Kricketfeld für den Hausgebrauch, denn schließlich firmiert dieser Verein des Filzes immer noch unter dem offiziellen Namen All England Lawn Tennis and Croquet Club. Es ist einer der exklusivsten Zirkel auf der Welt.

Die einfachste Art, aufgenommen zu werden in den Club der toten Gesichter, der nur 375 Voll- und rund 100 temporäre Mitglieder hat, sind sieben Tennissiege am Stück. Jeder Wimbledon-Champion rückt automatisch in die Runde aus gekrönten Häuptern, Landlords und Gentlemen – von Frauen ist zwar auch die Rede, sie haben aber nichts zu sagen – ehrenhalber auf, es sei denn, er heißt John McEnroe. Dem US-Amerikaner mit dem besten Rundumschlag der Welt, der 1981, 1983 und 1984 im Einzel gewann, sollte als bislang einzigem Wimbledonsieger wegen seines Benehmens die Erhebung in den Tennis-Adelsstand verweigert werden. The Duke of Kent was not amused über „Mac the Mouth".

Wimbledon ist schließlich kein Ort der Renitenz, und doch hat sich das vielleicht bedeutendste tennispolitische Ereignis am Sitz des ehrfurchtsvollen Nickens zugetragen. Man schrieb das Jahr 1973, fünf Jahre nach der Zulassung von Profis (1968 erhielt Rod Laver als Sieger 2000 Pfund), als der Bann gegen einen gewissen Nikola Pilic aus Jugoslawien vermeintlich die Zukunft von Wimbledon in Frage stellte. Der spätere deutsche Daviscup-Teamchef war vom nationalen Verband gesperrt worden, weil er statt für sein Heimatland im Daviscup an einem Turnier spielte. Nachdem der All England Club Pilic die Teilnahme verweigert hatte, boykottierten über 70 der besten Spieler der Welt die Championships, mit dem Erfolg, daß zwar einerseits die Solidarität unter den Profis wuchs, andererseits aber auch die der Zuschauer, die in nie gekanntem Ausmaß zur Church Road strömten, wo Jan Kodes das Finale gegen Alexander Metreweli gewann. Erstmals pilgerten über 300 000 Menschen ins Tennis-Mekka, was den Reporter der Times den Satz schreiben ließ: „Sie kamen, als würde es gelten, ein nationales Denkmal zu schützen."

Was nichts anderes bedeutet, als daß selbst Namen wie Stan Smith, John Newcombe oder Arthur Ashe Schall und Rauch sind am Ort lebendiger Geschichte. William Renshaw (siebenfacher Einzel-Champion), Fred Perry (3), Rod Laver (4), Björn Borg (5) oder Boris Becker (3) mögen Stars (gewesen) sein, ebenso wie Suzanne Lenglen (6), Helen Wills-Moody (8), Billy-Jean King (6), Martina Navratilova (9) oder Steffi Graf (7) – der Fixstern aber ist und bleibt Wimbledon.

Die Gralshüter der unbefleckten Empfängnis von Wimbledon

Es gibt vier Grand-Slam-Turniere. Sie heißen Australian Open, French Open, US Open – die British Open gibt es nicht, jedenfalls nicht im Tennis, statt dessen die All England Championships, kurz und ganz ohne falsche Bescheidenheit The Championships genannt. Doch selbst dieser Titel kommt eher unprätentiös daher, weil alle Welt halt nur Wimbledon sagt, wenn das bedeutendste Tennis-Turnier der Welt gemeint ist. Und ansonsten sagt niemand Wimbledon, mit Ausnahme vielleicht der paar tausend Einwohner dieses 50 Wochen im Jahr verschlafenen Villenvororts im Südwesten Londons und den Fußballfans des örtlichen FC.

Wimbledon ist Tennis. Kein anderer Ortsname auf dieser Welt ist ein ähnlich populäres Synonym für eine Sportveranstaltung wie Wimbledon –

nicht Ascot und nicht Augusta, nicht Monza und nicht Le Mans. Laut einer Studie der Vermarktungsgesellschaft ufa, die auch die weltweiten TV-Rechte von den All England Championships besitzt, hat Wimbledon mit 88 Prozent fast denselben Bekanntheitsgrad wie Olympische Spiele. Ein solcher Markenartikel macht schon allein mit der Namensnennung Werbung in eigener Sache.

Wimbledon ist Geschäft. Der All England Club, der die Rasenmeisterschaften alljährlich in der letzten Juni- und ersten Juli-Woche veranstaltet, kann mit seinen Pfunden wuchern. 1997 betrug der Reingewinn über 30 Millionen Pfund, die der elitäre Zirkel zum einen in die Verbesserung der Infrastruktur steckt, vor allem aber dem britischen Tennis-Verband zur Förderung des notorisch schwächelnden Nachwuchses überweist. 1981 hatte der Überschuß nach Abzug der Steuern noch eine Million betragen, 1990 blieben 9,6 Millionen Pfund über. Spätestens aber 1994 baten die Gentlemen so richtig zur Kasse bei der Vergabe der Fernsehrechte und der Markenlizenzen. Die Gelddruckmaschine lief danach auf Hochtouren, denn der Rechtehändler ufa soll für die Fernsehrechte der Jahre 1994 bis 1998 die Summe von 250 Millionen Mark (für 1984 bis 1988 hatte die EBU noch sieben Millionen Mark bezahlt) überwiesen haben. Im Jahr 1997 hat der All England Club zudem allein aus dem Merchandising 50 Millionen Pfund eingenommen, und den annähernd über 400 000 Besuchern ist der Zutritt in dem grünsten und gepflegtesten Hochsicherheitstrakt der Welt bis zu 50 Pfund und bisweilen stundenlanges Warten wert. Angesichts solcher Summen fällt dem Klub, an dessen Spitze der Herzog von Kent steht, bei fürstlichen Honoraren für die Profis gewiß kein Zacken aus der Krone. 1998 war die Rekordsumme von 7,2 Millionen Pfund (ca. 21 Millionen Mark) Preisgeld zu gewinnen.

Wimbledon ist reklamefreie Zone. Wo andernorts die Fernsehkameras eine Vielzahl von Sponsoren werbewirksam ins Bild setzen, sieht der Zuschauer nur Grün. Dank der anderweitigen Einnahmequellen leisten sich die noblen Herren den Luxus, als Gralshüter der unbefleckten Empfängnis dazustehen. Wimbledon verzichtet somit alljährlich auf einen zweistelligen Millionenbetrag.

Wimbledon ist ein Anachronismus. „Rasen ist für Kühe", hat Ivan Lendl einmal gesagt, jener in Tschechien geborene Tennisarbeiter, der seine schier unzähligen Trophäen hergegeben hätte für einen einzigen Sieg auf der zweckentfremdeten Weide. Die hat blöderweise ganz natürliche Eigenschaften, die sich durch äußere Einflüsse leicht verändern, so daß Bälle nach der Landung auf den 4,7625 Millimeter hohen Halmen schon mal ganz unerwartet die Richtung ändern. Nicht nur der Herzog von Kent regiert in Wimbledon, sondern auch König Zufall, was für ein Millionenunternehmen schon ziemlich crazy ist. Also tut jeder gut daran, sich mit den Verhältnissen zu arrangieren, sich also auf Aufschlag und Volley zu beschränken und erst gar nicht auf ein Spiel einzulassen. Zumal Rasen auf den gelben Filz ja kaum bremsend wirkt.

Wimbledon ist Hort der skurrilen Traditionen. In „überwiegend weißer" Kleidung haben die Spieler auf dem Feld zu erscheinen, das von einem an Holzpfosten befestigten Netz geteilt wird. Die Setzliste stellt der Veranstalter mehr nach eigenem Gusto denn nur anhand der Weltrangliste auf. Der erste Sonntag ist spielfrei, es sei denn, es hat zuvor „cats and dogs" geregnet wie Anno 1991. Und wo, außer vielleicht anläßlich einer Audienz beim Papst, machen „freiwillig" auf dieser Welt erwachsene Männer einen Diener und reife Frauen einen Knicks vor Honoratioren in der Royal Box genannten Loge der Hof-Narren?

Wimbledon ist Erdbeeren. Die schmecken immer gleich, stecken voller Vitamine und erfreuen sich jedes Jahr nachwachsender Beliebtheit.

123 ▲

131 ▲

139 ▲

147 ▲

155 ▲

▶

171 ▲

179 ▲

187 ▲

195 ▲

Tour de France

Die Tour de France

Das berühmteste Radrennen der Welt von Dopingskandalen überschattet

Sie war das bedeutendste Radrennen der Welt über Jahrzehnte hinweg, auch wenn immer wider Dopingfälle gemeldet wurden. Doch im Jahr 1998 nahm die Fernfahrt durch Frankreich Schaden wie nie zuvor. Dei französische Polizei entdeckte in einem Mannschaftswagen des Teams Festina verbotene Doping-Substanzen, es kam zu Verhören und Verhaftungen, das Team wurde vom Weltverband aus dem Weltverband ausgeschlossen. Drei Wochen lang mußte die Justiz sich mit immer neuen Medikamentenfunden beschäftigen: Die Fahrer und Teams reagierten mit Unverständnis auf die Untersuchungen, auch einer der großen Favoriten der Tour 98, Richard Virenque, der wegen des Dopingverdachts nicht starten durfte, tat so als sei alles nur eine Verschwörung der Justiz. Auf einer Etappe kam es zum Bummelstreik der Fahrer, weil sich die Akteure ungerecht behandelt fühlten, aber sie verdrängten dabei, daß sie und ihre Teams es selbst gewesen waren, die gegen die vorhandenen Regeln eklatant verstoßen hatten. Die Tour 1998 beschädigte den legendären Ruf dieser Veranstaltung, die eine so interessante Geschichte hat, auf wahrscheinlich lange Zeit.

Auf dem Galibier, dem ersten Alpengipfel, der 1911 in den Streckenplan der Tour de France eingemeißelt wurde, steht das Denkmal des Henry Desgranges, des Vaters dieser berühmten Rundfahrt, des damaligen Chefredakteurs von *L'Auto-Velo*. Desgranges kam aus der Praxis. Er hatte am 11. Mai 1893 auf der Pariser Buffalo-Bahn den ersten Stunden-Weltrekord der Radsportgeschichte aufgestellt. 35,325 Kilometer weit war er gefahren. Zu jener Zeit, mit den plumpen Rädern auf dem rauhen und holprigen Zement, eine beachtliche Weite.

Zehn Jahre später stürzte – wie der Journalist und Schriftsteller Hans Blickensdörfer in seinem *Großen Buch der Tour de France* erzählt – der junge

Redakteur Geo Lefevre ins Büro des Chefs und „lümmelte sich ziemlich respektlos in den wackeligen Besuchersessel“. Er hatte eine Idee, und er trug sie vor. Er fing skeptische Blicke ein und Kritik: „Du spinnst. Du willst die Fahrer durch ganz Frankreich fahren lassen? Schließlich müssen sie doch auch einmal schlafen.“ Lefevre konterte. „Das können sie. Wir müssen Tagesstrecken suchen. Wir nehmen dort die Zeit, wie sie angekommen sind, und lassen sie am andern Tag mit gleichem Abstand weiterfahren.“ Da überlegte der Chef. „Das ist gut. Aber noch besser ist, wenn wir sie am nächsten Morgen wieder zusammen starten lassen und die Zeiten für die Tagesstrecken zusammenrechnen.“ Die Konstruktion der Tour de France war geboren.

Die Idee entstand aus Konkurrenzdenken. Die Zeitung *Petit journal* nämlich hatte Jahre vorher das Langstreckenrennen (572 Kilometer) Bordeaux–Paris aus der Taufe gehoben und bei den 16 Stunden dauernden Fahrten allerlei Bewunderung erfahren. Nun setzte *L'Auto* einen drauf. Das Rennen wurde ausgeschrieben, zehn Franc Startgeld verlangt, 20 000 Franc Preisgeld ausgelobt, aber nur zögernd gingen die Meldungen ein. Es erschien allen zu verrückt, was da angeboten wurde.

Am 1. Juli 1903 standen 60 Mutige in Paris am Start, vor der Herberge „Reveille Matin“, was bezeichnenderweise „Morgenwecker“ heißt, zogen sie um 2.30 Uhr in der Nacht los, um in der Abenddämmerung nach 467 Kilometern in Lyon einzutreffen. Geo Lefevre fuhr mit der Eisenbahn zu Zwischenstationen und fragte die Vorbeihuschenden: „Wer sind Sie?“, um dann nach Paris den „Stand des Rennens“ zu telegrafieren.

Im Jahr darauf aber schien das ganze Unternehmen zusammenzubrechen. Das Publikum, sowieso noch mit mehr Skepsis als Begeisterung bei der „Tour fou“ (verrückten Tour), hatte kein Verständnis dafür, daß Aucouturier zwar vier Etappen, aber nicht das Rennen gewann, weil er einmal wegen einer Panne zwei Stunden später kam. Und als sich dann gar Wochen nach dem Rennen herausstellte, daß die vier Erstplazierten ein Stück mit der Eisenbahn gefahren waren und disqualifiziert werden mußten, da lachten die Kritiker hämisch, und die Konkurrenz titelte: „Tour de France 1904, die letzte Tour de France.“

Doch der Skandal half der Publicity. Endlich sprach man über die Tour, und nun wuchs sie sich aus, wagte sich in die Vogesen über den Ballon d'Alsace und wagte sich schließlich – es war 1910 – sogar in die unwirtliche Welt der Pyrenäen, wo zu jener Zeit die Menschen noch Angst hatten vor den Bären, die nachts ihre Hütten und ihr Vieh heimsuchten.

Dramatisch die Geschichte, wie Alphonse Steines, ein der Tour verfallener Mitarbeiter von Henry Desgranges, zu Fuß den Tourmalet inspizierte, ob er mit Rädern überquert werden könne, und wie er dann die örtlichen Behörden überzeugte, daß sie dort sowohl über den Aubisque wie auch den Aspin und Peyresourde Paßstraßen bauen müßten. Es lohnte sich. Jeder Sportfan kennt heute die Namen der berühmtesten Pyrenäengipfel, wie er in den Alpen und im Zentralmassiv den Galibier, Izoard, Lautaret, Vars kennt, Alpe d'Huez, den Ventoux oder Puy de Dome. Das sind die legendären und schwierigen Gipfel, auf denen sich seit 1911 die Tour de France entscheidet.

Auf dem Tourmalet spielt auch die oft erzählte dramatische Geschichte des Eugen Christophe, der als „Vieux Gaulois" in die Historie einging. Er war 1913 als erster der 140 Starter auf dem Gipfel mit 18 Minuten Vorsprung. Aber auf der Abfahrt erwischte es ihn. Sturz, Gabelbruch! Das „unmenschliche Reglement" schrieb vor, daß alle Defekte eigenhändig behoben werden mußten. 14 Kilometer marschierte Christophe mit dem zerbrochenen Rad auf dem Buckel zu einer Schmiede. In Sainte-Marie-de-Campan, die als „Tourdenkmal" stehengeblieben ist, nahm er sich einen Hammer, schlug auf Gabel und Amboß ein, bat einen Jungen, ihm den Blasebalg zu treten, und das veranlaßte die strengen Kommissare, ihm „eine Strafminute" aufzubrummen.

Lächerlich, denn Christophe verlor vier Stunden an diesem Tag. Aber er fuhr weiter, und Henry Desgranges, der Chef selbst, der alles mit angeschaut hatte, den mancher Blick des Rennfahrers zu töten schien, schrieb eine seiner besten Reportagen. Ganz Frankreich liebte seitdem den unglücklichen Verlierer, wie es später den Südfranzosen Rene Vietto liebte, der immer angriffslustig fuhr, die Tour aber nie gewann, oder auch Raymond Poulidor, den „Poupou" aus Limoges, der achtmal auf dem Podium stand, dreimal auf der zweiten, fünfmal auf der dritten, nie auf der obersten Stufe, und der auch nie das Gelbe Trikot anziehen durfte. Wenn er heute in dem auf 3500 Personen angewachsenen Troß der Tour de France das Rennen begleitet, dann wird er überall begeistert begrüßt. Rudi Altig, sein Freund und langjähriger Weggefährte, staunt darüber: „Das ist Frankreich. Hier liebt man auch die Verlierer. Bei uns wäre das unvorstellbar."

Von 1930 ab wurde die Tour mit Nationalmannschaften bestritten. Was logisch schien, war so logisch nicht. Nationale Stars, die für verschiedene Geldgeber als Profis arbeiteten, waren oft erbitterte Konkurrenten. Sie unter einen Hut zu bringen war ganz schwierig, und auch da gibt es zahlreiche dramatische Geschichten von Koblet und Kübler, von Anquetil und Riviere, von Coppi und Bartali, die 1949 einen „Nichtangriffspakt" geschlossen hatten.

Als Bartali einen Defekt hatte, wollte sich Coppi daran halten, bis Teamleiter Alfredo Binda zu ihm fuhr und befahl: „Greif an, Gino hat fünf Minuten verloren, die Franzosen wollen das ausnutzen." Fausto Coppi, der vor den Pyrenäen dreißig Minuten Rückstand hatte, fuhr zu einem der spektakulärsten Siege der Tourgeschichte. Er gewann noch mit fast elf Minuten vor Bartali. Beide wären vielleicht auch „Fünffachsieger" geworden. Der Krieg aber bremste sie. Bartali hatte vorher im Jahr 1938 und nachher noch einmal 1948 gewonnen.

In den dreißiger Jahren reisten die Fahrer nur mit eigenem Sattel und Lenker an. Rahmen und Reifen stellte die Organisation. Adolf Schön aus Wiesbaden, der 1930 Zehnter geworden war, erinnerte sich später: „Ich bin einmal vom Rad gesprungen und habe die Kette auf einen anderen Zahnkranz gelegt. Dann hatte ich Reifenschaden und mußte mit den Zähnen den kaputten Reifen von der Felge klauben." Kurt Stöpel, der 1932 Zweiter geworden war und 1997 im Alter von 89 Jahren gestorben ist, hat ein Buch über seine Tour geschrieben, das sich noch heute wunderbar liest. Er verlor die Tour an einem Tag, als er sieben Reifenschäden hatte und sein Rivale André Leducq keinen einzigen.

So halsbrecherisch das Geschehen auch erscheinen mag, besonders bei den steilen Abfahrten von den Hochgebirgsgipfeln, so ist die „tragische Quote" in den neun Jahrzehnten der Tour doch relativ gering. Daß einmal ein belgischer Fahrer an einem Ruhetag an der Riviera beim Baden ertrank, kann dabei kaum mitgezählt werden. Der erste Todessturz ereignete sich 1935. Der Spanier Francesco Cepeda hatte einen Schädelbruch erlitten, als er im Alpenstädtchen Bourg d'Oisans zu Fall kam. Auf dem Mont Ventoux, dem Schreckensberg mit seiner kahlen Landschaft, fiel in den 60er Jahren in sengender Sonne der so fröhliche und unbekümmerte Engländer Tom Simpson vom Rad. Zwei Jahre vorher war er in San Sebastian Weltmeister geworden. Versuche, ihn wieder aufs Rad zu setzen und anzuschieben, scheiterten. In einer Trikottasche fand man ein leeres Röhrchen eines Aufputschmittels. Schon damals also die Vorboten des späteren Dopinggeschehens erkennbar. 1995 stürzte auf der Abfahrt vom Portet d'Aspet in den Pyrenäen der Italiener Fabio Casartelli und schlug mit dem Kopf so unglücklich an einen Begrenzungsstein am Wegrand, daß jegliche Hilfe zu spät kam. Er war tot, als der Rennarzt ihn erreichte. Casartelli war erst 24 Jahre alt. Er hatte 1992 das olympische Straßenrennen in Barcelona gewonnen.

Roger Riviere kam zwar nicht zu Tode, als ihm auf der Abfahrt vom Perjuret in den Cevennen die Bremse riß und er in einen Abgrund stürzte. Der Mann, der damals 1960 als Kapitän der französischen Nationalmannschaft Jacques Anquetil vorgezogen worden war, der Verfolgungs-Weltmeister und Stunden-Weltrekordmann gewesen war, hatte die Wirbelsäule gebrochen. Die so vielversprechende Karriere war beendet. Sein restliches Leben verbrachte er im Rollstuhl. Es dauerte nur noch 16 Jahre.

Die Tour de France hat auch immer wieder die Schriftsteller und Dichter inspiriert. Gerade in Frankreich gibt es viele Romane wie „Les géants des routes" (Die Giganten der Landstraße) oder „Tour de France – Tour des souffrances" (Tour de France, Tour der Leiden), und in Deutsch schrieb Hans Blickensdörfer, einer der großen Freunde, Bewunderer und Kenner der Tour de France, den lesenswerten Roman „Salz im Kaffee", mit etlichen Episoden, die der Realität um Jacques Anquetil, Eddy Merckx, Dietrich Thurau nachempfunden sind.

Noch immer ist die Tour ein großes Abenteuer, wenn auch längst mit humaneren Regeln, auf besseren Straßen, mit perfektem Rennmaterial, ausgiebiger Betreuung. Sie hatte viele Nachahmer gefunden, aber ihre dominierende Stellung als Nummer eins der Radrundfahrten erhalten und in jüngster Zeit sogar machtvoll verstärkt. Die Tour ist eine Institution, die auch die Grenzen Frankreichs längst überschritten hat.

Chronologie und Superlative

Die erste Tour ging 1903 über sechs Etappen und 2228 km, zwei Jahre später wurden erstmals die Vogesen überquert, 1910 ging es dann über die Pyrenäen (Ausbisque und Tourmalet). Ein Jahr danach gab es die erste Alpenetappe mit der Überquerung des Galabier-Passes.

1919 wurde das Gelbe Trikot für den Spitzenreiter eingeführt, 1930 erstmals eine deutsche Nationalmannschaft eingeladen. Solche Teams waren zwischen 1930 und 1961 sowie in den Jahren 1967 und 1968 am Start. 1933 wurde die Sonderwertung Bergpreis eingeführt, ein Jahr danach das Zeitfahren.

Die erste Nachkriegstour lief 1947 und wurde von den Zeitungen L'Equipe und Parisien liberé durchgeführt. Fünf Jahre später gab es die ersten Bergankünfte in Alpe d'Huez, Sestrière und Puy de Dome. 1953 wurde eine Punktwertung mit dem Grünen Trikot eingeführt. 1954 gab es in

Amsterdam erstmals einen ausländischen Startort, 1958 die erste Nachkriegseinladung für eine halbe deutsche Mannschaft, die sich aber in einer Fahrgemeinschaft mit der Schweiz bewähren mußte. Die erste komplette deutsche Mannschaft wurde erst 1958 eingeladen; dabei gelang es Hennes Junkermann gleich, den vierten Platz im Gesamtklassement zu belegen. 1965 wurde in Köln gestartet. 1969 der Prolog eingeführt, im gleichen Jahr gab es die endgültige Rückkehr zu Firmenteams. 1975 wurde die traditionelle Ankunft aus dem Prinzenparkstadion in Paris auf die Champs Elysées verlegt und der Bergpreis (weißes Trikot mit roten Punkten) geschaffen.

Frankfurt am Main war 1980 Startort, und zwar unter der neuen Organisation „Sociétè du Tour de France“. 1987 ging es in Berlin los, 1992 gab es eine Fahrt, die durch sechs Nachbarländer führte: Spanien, Belgien, Niederlande, Deutschland (Etappenort Koblenz), Luxemburg und Italien.

Die Tour hat auch einige Superlative aufzuweisen. Greg Lemond (USA) gewann 1989 mit nur acht Sekunden Vorsprung vor Laurent Fignon (Frankreich), den deutlichsten Sieg hatte es im Jahr 1903 mit einem Vorsprung von 2:49,45 Stunden durch Maurice Garin (Frankreich) gegeben. Einen Riesenvorsprung hatte im Jahr 1952 auch Fausto Coppi mit 28:27 Minuten. Die meisten Etappensiege holte Eddy Merckx (Belgien) mit 34, die Rekordsieger heißen Anquetil (Frankreich), Merckx (Belgien), Hinault (Frankreich) und Indurain (Spanien), die je fünfmal gewannen.

Der jüngste Sieger hieß Henri Cornet aus Frankreich (1904); er war 20 Jahre alt. Der älteste Sieger war Gino Bartali (Italien), der bei seinem zweiten Tour-Sieg 1948 – er hatte 1938 schon einmal gewonnen – 34 Jahre alt war.

1997, im 94. Jahr ihres Bestehens und bei ihrer 84. Ausgabe, wurde sie auch zum großen Ereignis in deutschen Landen. Millionen schauten tagtäglich im Fernsehen zu, wie Jan Ullrich, ein 23jähriger Deutscher, der in Rostock geboren wurde, in Berlin aufwuchs, in Hamburg zum Amateur-Weltmeister reifte und in Merdingen am Tuniberg seine neue Heimat fand, zum Dominator des größten Radrennens der Welt wurde. In den Pyrenäen griff Jan Ullrich an, im Zeitfahren von St. Etienne deklassierte er die Konkurrenten, in Alpen und Vogesen verteidigte er seinen komfortablen Vorsprung, und in Paris fuhr er schließlich als erster deutscher Tour-de-France-Sieger über die Champs Elysées. Ein Jahr später, bei der Doping-Tour ´98 wurde er Zweiter hinter dem Italiener Marco Pantani, der im Frühjahr schon den Giro d´Italia gewonnen hatte.

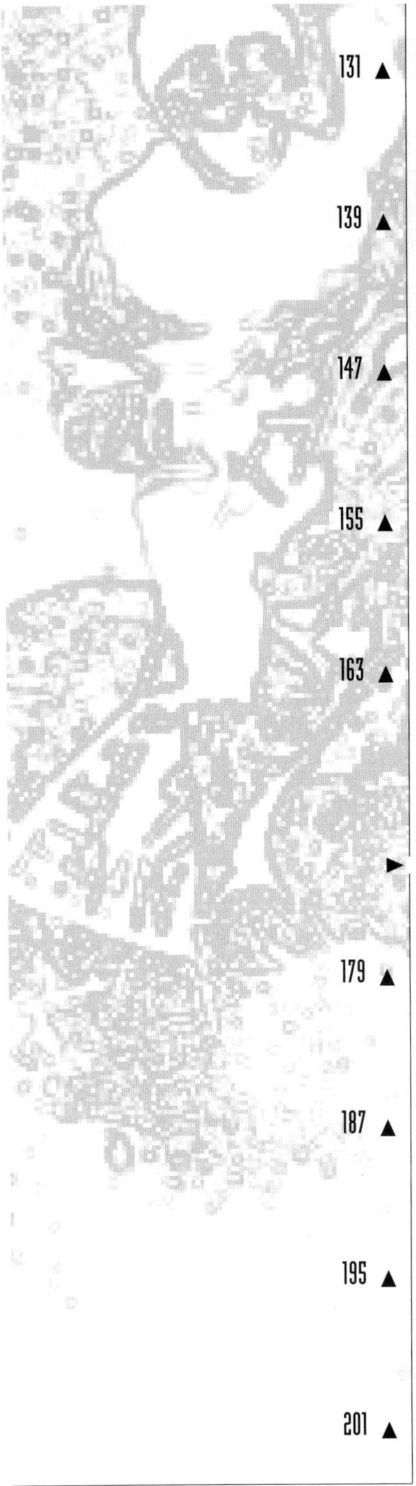

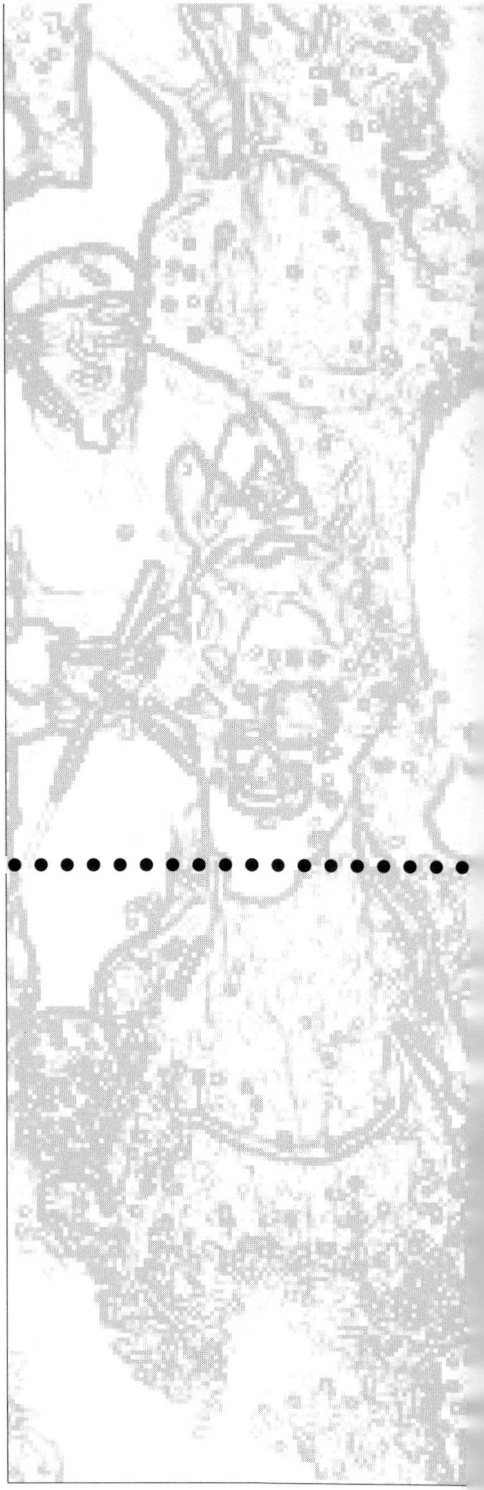

131

139

147

155

163

179

187

195

201

Deutsches Galopp-Derby

Das Deutsche Galopp-Derby

Selbstdarstellung von Menschen und Pferden

Sir Micky von Wattenscheid. Der Titel hätte Johann Starosta, dem alten Jockey aus dem Ruhrpott mit Wahlheimat Berlin, den alle nur „Micky" riefen, gefallen. 17mal war er das wichtigste Galopprennen in Deutschland geritten, oft als Zweiter ins Ziel gekommen, nie aber hatte er es gewonnen. Am 27. Juni 1965 erfüllte sich der Traum des mittlerweile 53jährigen. Micky Starosta siegte im 96. Deutschen Derby in Hamburg. Der Mann, der Artist werden wollte, dann als Jockey mehr als 1000 Rennen – darunter alle wichtigen in der Bundesrepublik – gewonnen hatte, krönte seine Karriere mit einem furiosen Ritt auf Waidwerk, einem Hengst aus dem Gestüt Ravensberg. Und wie der Champion dem Bundespräsidenten vorgestellt wurde, da soll er seine zierliche Brust gehoben und mit seinem unverwechselbaren Akzent aus Berlinerisch und Westfälisch gesagt haben: „Wenn ick jetzt nach Hause zurückkehre, dann werden se mir och noch adeln. Det haben se mit dem Gordon Richards och jetan. Der is immer im Derby jeritten, jeritten und jeritten und nischt jewonnen. Am Ende hat er dann det Englische Derby jewonnen, und da haben se einen Sir aus ihm jemacht." Es ist nicht überliefert, was der Bundespräsident erwidert hat. Starosta erzählte später: „Wißt ihr, wat der Präsident mir versprochen hat? Die Steuern will er mir streichen!" Quasi als Ritterschlag der republikanischen Art.

Es ist das Blaue Band des Derby-Siegers, von dem in 128 Jahren Generationen von Jockeys geträumt haben und in Zukunft träumen werden. „Du kannst Hunderte von Rennen gewinnen", hat Champion-Jockey Hein Bollow einmal gesagt, „aber nur der Derby-Sieg macht einen ganz Großen aus dir." So ist die Liste jener Reiter von der traurigen Gestalt lang, die stets zu den Besten zählten, dem Bollowschen Bedeutungsmaßstab zufolge aber nie zu den Größten.

Deutsches Galopp-Derby

Lester Piggott, der Starjockey aus England, war der Größte. Alles hatte er gewonnen. Mehrfach auch das Deutsche Derby – einmal gar mit einer unverfrorenen Unbekümmertheit. „Er kam, sah und siegte", titelte die FR am 1. Juli 1963 und brachte damit auf den Punkt, was 40 000 Menschen am Tage zuvor auf der Galopprennbahn im Hamburger Stadtteil Horn begeistert, was Trainer Albert Klimscha ein „Wunder" genannt hatte. Klimschas Hengst Fanfar galt als launisch, als schwer zu reiten. Und Piggott, 24 Stunden vor dem Derby noch in England siegreich, hatte noch nie auf Fanfar gesessen. Verständlich, daß die Fachpresse die Konkurrenz mit den deutschen Topjockeys Bollow, Gerhard Streit und Peter Remmert favorisiert hatte. Ein Irrtum. Mit einer Länge Vorsprung brachte Piggott Fanfar ins Ziel – und bescherte dessen Besitzerin, der Gräfin Margit Batthyany, ein Preisgeld von 90 000 Mark.

Die Gräfin Batthyany. Die Grande dame des Galoppsports, lange Zeit Besitzerin des Erlenhofs, verkörperte die Tradition des Derbys wie keine andere. Von jeher fühlte sich das blaue Blut zum Blauen Band hingezogen, gab sich der Adel auf der Rennbahn ein Stelldichein, überboten die aristokratischen Damen mit ihren wagenradgroßen Hüten die Frauen aus betuchten Bürgershäusern mit ihren schrillen Kopfbedeckungen. Wenn die Klasse der dreijährigen Vollblüter ihren „König aus eigener Kraft kürte", durften jene nicht fehlen, die stets die Nähe zu Monarchen suchten. Und noch lange nachdem der Kaiser abgedankt hatte, lustwandelten sie in Horn als Überlebende einer, wie sie glaubten, besseren Zeit. Einer Zeit, in der das Deutsche Derby seinen Anfang nahm.

Wie kein anderes Sportereignis ist das Derby mit der Geschichte Deutschlands verbunden. Am 11. Juli 1869 erlebte das Rennen seine Premiere, damals noch als Norddeutsches Derby. Der Galoppsport hierzulande blickte seinerzeit schon auf mehr als 40 Jahre zurück und gilt somit als ältester organisierter Sport Deutschlands. 1822 fiel der erste Startschuß auf der altehrwürdigen Rennbahn in Heiligendamm bei Bad Doberan. Es folgten Renntage in Berlin, Breslau, Hamburg, Königsberg und Düsseldorf. Deutschland verfügte bald über mehr Rennplätze und Rennvereine als Frankreich, was den Deutschen damals wichtig war. Doch sosehr Vollblutsport und Vollblutzucht auch blühten, es fehlte die Krönung. Die Idee, aus der das Norddeutsche Derby entstand, formulierte die Fachzeitschrift Sporn im Dezember 1866, vier Monate nach Gründung des Norddeutschen Bundes, eines Deutschlands ohne Österreich, wie folgt: „Die Rennen dürfen nicht länger betrieben werden als ein vom Zufall abhängiger Zeitvertreib, eine strenge Ordnung muß in sie hineinkommen, die Angelegenheiten der verschiedenen Plätze müssen geordnet werden." Es ging schlichtweg um „. . . die Erweckung eines lebhafteren Interesses für den Sport in den verschiedenen Gesellschaftsschichten, die Cultur dafür im Volke, damit die Sache eine nationale werde".

Ein Jahr später stifteten die Grafen Wilamowitz-Möllendorf und von Schwichow-Magoninsdorf das Norddeutsche Derby. 1889, achtzehn Jahre nach dem gewonnenen Krieg gegen Frankreich, nach der Gründung des Zweiten Reiches, trug es den Namen Deutsches Derby. Ein Pferderennen als Aushängeschild einer Nation.

Natürlich ist der nationalistische Geist längst verflogen, was nichts daran ändert, daß sich bis heute – während Stuten und Hengste auf die 2400 Meter lange Rundstrecke gehen – viele Söhne und Töchter besserer Kreise in erster Linie um sich selbst drehen. So hätte es mancher Kritiker in all den Jahren lieber gesehen, wenn das Derby in Nordrhein-Westfalen oder Berlin beheimatet wäre, in einer der Galopp-Hochburgen. Als solche gilt Hamburg wahrlich nicht. Lediglich während der Derby-Woche widmen sich die als unterkühlt bekannten Hanseaten ganz den Vollblütern. Aber dank des rührigen Rennklubs und der Unterstützung des Senats konnte das Derby in seiner Heimat, dem Horner Moor, gehalten werden. Nur viermal mußte es auf Wanderschaft gehen, 1946 etwa nach München, 1947 nach Köln; die Horner Anlage war im Krieg zerstört worden.

Zu den vielen, die jährlich in den Norden pilgern, zählt der Schauspieler Peter Fritsch, ein Prominenter, der zweifelsohne ein Faible für den Galoppsport hat – was er 1989 auch eindrucksvoll bewies. Es war der Tag des 120. Derbys, des „Pannen-Derbys". Der Hengst Taishan hatte gewonnen, wurde aber disqualifiziert, weil er Mondrian 120 Meter vor dem Ziel behindert hatte. Es ist anzunehmen, daß Fritsch Geld und Glauben an Taishan verloren hatte, denn der Mime rannte wie von donnernden Hufen verfolgt über die Rennbahn und rief: „Das ist ja irre, das gibt es doch nicht." Verstört dagegen lief das Team von Argentano umher. Der war einfach vergessen worden, hatte sich hinter der Startbox noch geziert, als die anderen Pferde, vom Starter zu früh freigegeben, losgeprescht waren.

Immerhin war Mondrian ein würdiger Derby-Sieger und reihte sich in die lange Reihe jener Pferde ein, die für das Blaue Band nach Ansicht der Fachwelt geradezu bestimmt waren. Wie die „Wunderstute" Schwarzgold, die 1939 der Konkurrenz schier davonflog, wie Herero, der 1962 einen Wimpernschlag vor dem Favoriten Amboß über die Ziellinie galoppierte, wie

Lebos, der 1987 mit unwiderstehlichem Speed allen enteilte, wie Pik König, der 1992 bei Sauwetter die Mitfavoriten im Regen stehenließ, wie Lando, der später auch sensationell den Japan-Pokal nach Deutschland holte, wie Lavirco, der 1996 triumphierte. Oder wie Surumu, der 1977 mit sieben Längen Vorsprung gewann und damit die „Familienehre rettete". Sein Vater, Literat, war neun Jahre zuvor wegen einer Knochenabsplitterung als großer Favorit nur Zweiter geworden.

Und die Reihe jener Jockeys, die sich Champions nennen dürfen, mit wem soll sie nach Bollow, Piggott und Starosta fortgeführt werden, mit wem enden? Gerhard Streit, klar, er siegte achtmal, mehr als jeder andere; Otto Schmidt, der in den frühen Jahren dieses Jahrhunderts zum Meister des Derbys avancierte; Albert Klimscha, der 1957 auf der Stute Lustige triumphierte; Joan Pall, der Rumäne, der 1964 auf dem in Frankfurt trainierten Hengst Zank anfangs zehn Längen Rückstand hatte und nach der dramatischsten aller Aufholjagden noch siegte; Peter Alafi, der 1968 auf dem Hengst Elviro Piggott auf Literat schlug, Lutz Mäder, der in den 70er Jahren aus der DDR gekommen war und 1987 auf Lebos gewann. Und, und, und . . .

Einer der besten Jockeys unserer Zeit ist der Franzose Olivier Peslier, wovon sich beim 128. Derby 1997 insgesamt 60 000 Zuschauer überzeugen konnten. Mit einem taktischen Bravourstück ritt er Borgia, die einzige Stute im 20er-Feld, in einem der spannendsten Rennen aller Zeiten als Erste durchs Ziel, sorgte damit für den perfekten Abschied des großen Pferdetrainers Bruno Schütz und brach eine Serie, die für die Ewigkeit schien. Borgia aus dem Gestüt Ammerland war die erste Stute nach Lustige vor 42 Jahren, die wieder das Deutsche Derby gewinnen konnte. Die großen Favoriten Caitano und Ferrari wurden nur Vierter und Neunter. Eine Quote von 83 für 10 brachte Borgia jenen wenigen, die auf sie gesetzt hatten – darunter Christiane Herzog, die Frau des Bundespräsidenten. Dieser verblüffte die Fachwelt, als er das Erfolgsgeheimnis seiner Angetrauten preisgab: „Sie schwimmt immer gegen den Strom." Wäre Jockey Peslier Deutscher, ob Roman Herzog ihm wohl die Steuern gestrichen hätte?

Geld und Ehre

Am Geld liegt es nicht, daß die Ausländer selten Spitzenpferde ins Deutsche Derby schicken. Etwa 1,3 Millionen Mark wurden 1997 an Preisgeld und Prämien ausgeschüttet, allein 812 000 Mark sicherte Borgia ihrem Besitzer, dem Münchner Wirtschaftsanwalt und Luchterhand-Verleger Dietrich von Boetticher. Doch nach wie vor genießt das Deutsche Derby, Höhepunkt am letzten Tag der Derby-Woche auf der Galopprennbahn in Hamburg-Horn, keinen Ruf von weltweitem Rang. Aus England beispielsweise war stets zu hören, daß ein Start in der Hansestadt sehr riskant sei. Verliert das Pferd auf der 2400 Meter langen Strecke, sinkt sein Wert im internationalen Markt beträchtlich. Eine Niederlage in Paris oder Epsom dagegen läßt sich leicht mit der Qualität der dortigen Weltklassefelder erklären. Auch 1997, beim 128. Deutschen Derby, liefen gegen 17 deutsche nur drei ausländische Dreijährige.

Was die Leidenschaft der Wetter indes nicht trübt. Mit knapp 2,4 Millionen Mark machte der Hamburger Rennklub den zweithöchsten Umsatz in der Derby-Geschichte. Weitere Fakten aus der Historie: Mit 16 Siegen führt Schlenderhahn die Rangliste der Gestüte an, George Arnull ist mit neun Titeln der erfolgreichste Trainer, Gerhard Streit hält mit acht Siegen den Rekord unter den Jockeys. Die schnellste Derby-Zeit lief 1993 Lando in 2:26,8 Minuten. 1927 quälte sich im tiefen Morast Mah Jong nach 3:33,2 Minuten durchs Ziel. Die niedrigste Siegquote erzielte die Stute Patience, die 1905 gegen nur vier Konkurrenten im kleinsten Feld aller Zeiten siegte. Sie brachte nichts: 10 für 10. Die höchste Quote bescherte 1982 Ako. Der krasse Außenseiter schlug alle Favoriten, brachte 608 für 10 ein – und sorgte für böse Gerüchte. Die enttäuschten Teams der Favoriten witterten Manipulation – selbst in den eigenen Reihen.

America's Cup

America's Cup der Hochseesegler

Für die Besten der Welt ein Höhepunkt und Heiliger Gral zugleich

„Natürlich ist der ‚America's Cup' ein Höhepunkt im Yachtsport und der Heilige Gral des Segelsports". (Dennis Conner, viermaliger Cupgewinner)

Bis 1983 war die Segel-Welt des „New Yorker Yacht Clubs" (NYYC) völlig in Ordnung. Seit Mitte des 19. Jahrhunderts hatten sich Yachtclubs aus anderen Ländern bemüht, die bedeutendste Trophäe im Hochseesegeln, den America's Cup, in ihren Besitz zu bringen. Aber jedesmal wurden sie in die Schranken verwiesen. Dann aber geschah das lange für unmöglich erachtete: Die Australier unter Leitung von Alan Bond fügten den Amerikanern – und besonders Skipper Dennis Conner – die erste Niederlage in der Geschichte des Wettbewerbs zu. Nach einer vierzehntägigen Nervenschlacht behielten die Herausforderer mit 4:3 Siegen die Oberhand. Der Cup, der in den Vitrinen des NYYC seinen festen Platz gefunden hatte, wechselte nach 132 Jahren seinen Besitzer.

Angefangen hat alles im Jahre 1850, als George Schuyler, ein Gründungsmitglied des NYYC, anläßlich der ersten Weltausstellung 1851 in London einen Brief erhielt, in dem er gebeten wurde, ein amerikanisches Lotsenboot zu einer Wettfahrt nach London zu senden. Die Amerikaner fühlten sich in ihrem Ehrgeiz aber verpflichtet, der Seemacht Großbritannien ein völlig neues Boot zu präsentieren. So konstruierte George Steers den 170-Tonnen-Schoner America. Als zweites amerikanisches Boot nach der Cleopatra's Barge im Jahr 1817 überquerte die America den Atlantik. Am 22. August 1851 lud die englische „Royal Yacht Squadron" die America zu einer Wettfahrt ein, die rund um die Isle of Wight führte. Der 50-Meilen-Kurs sollte vor allem die englischen Boote begünstigen. Die America mit Skipper John Cox Stevens kam als letzte von 15 Booten vom Start weg, da es sehr lange dauerte, bis der Anker gelichtet war. Danach allerdings startete die America eine grandiose Aufholjagd, die schließlich zum sicheren Sieg führte. Um 20:37 Uhr kam die America als erste ins Ziel. Mit acht Minuten Rückstand belegte die Aurora den zweiten Platz. Nur drei weitere Yachten beendeten das Rennen. Schon diese erste Wettfahrt war Anlaß für den ersten von unzähligen Protesten, die in den kommenden Jahren den Cup beeinflussen sollten. Strittig war, ob das „Nab-Feuer" umsegelt werden mußte oder nicht. Im Gegensatz zu den britischen Yachten hatte dies die America eindeutig nicht gemacht; da dieser Punkt aber nicht genau geregelt war, wurde der Protest abgewiesen. Solche Vorgänge wurden in den Anfangsjahren typisch für den Cup, zumal die ersten Wettfahrten recht chaotisch vonstatten gingen. Die Amerikaner hatten die wesentlich besseren Bedingungen. Unter anderem gab es keine internationalen Schiedsrichter, sondern eine Jury, die aus Clubmitgliedern des NYYC bestand. Da die Klassenregeln in den USA und Großbritannien völlig unterschiedlich waren, waren auch die Yachten kaum vergleichbar; die Briten segelten mit Kielbooten, die Amerikaner mit Schwertbooten. Zudem mußte der Herausforderer immer zum Austragungsort Newport, im US-Bundesstaat Rhode Island, segeln. Nach Überquerung des schweren Atlantiks hatten die Briten im Leichtwind vor Newport kaum eine Chance, gegen die Amerikaner zu bestehen.

Nachdem 1868 die britische Yacht Cambria die in England liegende amerikanische Sappho im Rennen um die Isle of Wight besiegt hatte, gab es den Briten genügend Mut zur ersten Herausforderung um den „America's Cup". Zwei Jahre später trat die Cambria vor Newport als Favorit gegen 23 amerikanische Yachten an, doch überquerte sie nur als Zehnte die Ziellinie. Ein Jahr später gab es erstmals keinen Massenstart (Fleetracing) mehr, sondern ein Matchrace, wobei zwei Yachten im direkten Duell gegeneinander segeln. Die dritte von fünf Wettfahrten gewann die britische Livonia, doch ansonsten waren die Amerikaner mit der Columbia, die dreimal an den Start ging – und einmal verlor –, sowie der Sappho, die zweimal segelte, deutlich überlegen.

In den folgenden Jahren griffen auch erstmals die Kanadier ein, doch waren sie mit ihren Yachten gegen die Amerikaner absolut chancenlos. 1885 erwarb sich Sir Richard Hutton großen Respekt, denn nachdem die amerikanische Puritan auf der zweiten Wettfahrt disqualifiziert worden war, gab Huttons Genesta auf, da man auf diese Weise nicht gewinnen wollte. Diesen Respekt erwarben sich allerdings nicht alle Herausforderer. So kam es 1895 zu einer ernsten Mißstimmung zwischen den USA und Großbritannien.

Auslöser war das Verhalten des exzentrischen Eigners der britischen Yacht Valkyrie III, des Earl of Dunraven. Dunraven überschüttete die Jury mit Klagen und Protesten. Unter anderem ließ er die amerikanische Defender mehrmals vermessen, ohne daß sich am Ergebnis etwas änderte. Vor dem Start zur zweiten Wettfahrt kollidierten beide Boote, was zur gerechtfertigten Disqualifikation von Dunraven führte. Dieser lehnte anschließend das Angebot, das Rennen zu wiederholen, kategorisch ab. Der Eklat war perfekt, als die Valkyrie III die dritte Wettfahrt nach Überqueren der Startlinie abbrach und die Defender allein segeln ließ. Aufgrund dieser Vorfälle wurde Dunraven ein Jahr später die Ehrenmitgliedschaft im NYYC aberkannt.

Daß es auch anders gehen kann, bewies der Herausforderer der nächsten drei Jahrzehnte. Sir Thomas Lipton hatte nämlich ein vorrangiges Ziel: Er wollte in Amerika Werbung für seinen Tee machen. Und dazu war ein freundliches, zuvorkommendes Verhalten sicherlich zweckmäßiger als ein Verhalten, wie es Dunraven an den Tag gelegt hatte. Von 1899 bis 1930 sprach Lipton insgesamt fünf Herausforderungen aus. Ganz nahe am großen Triumph schnupperte er aber nur kurz nach dem ersten Weltkrieg 1920. Seine Shamrock IV, die 1914 gerade auf dem Atlantik nach Amerika unterwegs war, als der Weltkrieg ausbrach, gewann die ersten beiden Wettfahrten, bevor die amerikanische Resolute resolut dagegenhielt und mit drei knappen Siegen hintereinander das Ruder noch herumriß.

1934 forderte T.O.M. Sopwith die Amerikaner heraus. Und er hatte mit der Endeavour eine Yacht, die der Rainbow der Amerikaner überlegen war. Aber auch er scheiterte, denn vor der Abreise in die USA gab es bei der Mannschaft der Briten einen Streik; Sopwith verhandelte nicht lange, sondern ersetzte seine eingespielte, erfahrene Crew durch Amateure. Diese Mannschaft war offensichtlich nicht so stark wie die vorherige; trotzdem gelang es den Briten, die ersten zwei Wettfahrten dank ihrer überlegenen Yacht zu gewinnen. Auch in der dritten Wettfahrt lagen die Herausforderer zunächst in Führung, doch kurz vor dem Ziel übergab der amerikanische Skipper Harold Vanderbilt das Ruder an Sherman Hoyt, der den Rückstand aufholte und die Rainbow als erste über die Ziellinie fuhr. Anschließend machten die Amerikaner mit drei weiteren Siegen alles klar.

Erst 1983 sollte der Bann endlich gebrochen werden. Die Australier konstruierten mit Hilfe des „Niederländischen Testinstituts für Schiffsmodelle" ein Boot mit einem völlig neuartigen Kiel. Dieser flügelartige Kiel brachte den Australiern den entscheidenden Vorteil. Die Amerikaner mit Skipper Dennis Conner an der Spitze protestierten gegen diese Yacht, der

Protest wurde jedoch abgewiesen. Bei der Vermessung zu Beginn der Saison hatte es kein Vertreter des NYYC für nötig erachtet, dieser Untersuchung beizuwohnen zu sein. Nachdem sich die Australia II mit Skipper John Bertrand in den Ausscheidungsrennen gegen Victory 83 (Großbritannien), France III, Azzurra (Italien), Canada I und zwei weitere australische Boote (Advance und Challenge 12) durchgesetzt hatte, kam es zum großen Duell mit der Liberty unter Conner. Insgesamt vierzehn quälend lange Tage zog sich das Finale in die Länge. Nachdem am 13. September wegen völliger Windstille das Rennen ausfiel, triumphierte zweimal hintereinander die Liberty. Nach einem Ruhetag der Australier mußte die dritte Wettfahrt wegen fehlendem Wind abgebrochen werden. Die Australia II hatte klar in Führung gelegen, doch eineinhalb Meilen von der Ziellinie entfernt kam es zum Abbruch. Erst am sechsten Tag kamen die Australier zu ihrem ersten Sieg. Nach einem Liegetag der Amerikaner setzten sich diese in der nächsten Wettfahrt wiederum durch und gingen mit 3:1 in Führung. Es sah also danach aus, als ob der Titelverteidiger wieder den Kopf aus der Schlinge ziehen würde. Doch mit zwei Siegen hintereinander glichen die Herausforderer zum 3:3 aus. Die Spannung stieg ins Unermeßliche. Drei Tage lang herrschte Ruhe vor dem Sturm, denn nach einem Liegetag der Australier mußte das entscheidende Rennen wegen völliger Windstille erneut verschoben werden. Nun nahmen die Amerikaner auch noch einen Ruhetag. Erst am 26. September fand also die entscheidende siebte Wettfahrt statt. Die Liberty ging zwar in Führung, aber am Ende hatte die Australia II mit 41 Sekunden die Nase vorne.

Damit war die längste Siegesserie im Sport endlich beendet worden. Dennis Conner ließ das natürlich nicht ruhen. Er holte sich die Trophäe 1987 – diesmal als Vertreter des „San Diego Yacht Club“ – zurück, doch 1995 mußte er gegen die neuseeländische Black Magic erneut den kürzeren ziehen. Der vernichtende 5:0-Erfolg über den charismatischen , aber auch unbeliebten Conner schmeckte den „Kiwis“ besonders süß.

Gestiftet von Königin Victoria

Der „Amerika's Cup“ wurde 1851 von der britischen Königin Victoria gestiftet. Der urspüngliche Name lautete „100-Guineas-Cup“, doch nach dem Triumph der amerikanischen America im ersten Rennen bekam der Cup seinen neuen Namen. In der Schenkungsurkunde („Deed of Gift“) wurden die Regeln festgelegt, doch sollten diese im Laufe der Jahre ständig geändert werden. Zudem waren sie Anlaß vieler gerichtlicher Auseinandersetzungen.

Lange Jahre wurde mit einem Handicap-System gesegelt, um die unterschiedlichen Yachten einander anzugleichen; die Zeitvorgaben errechneten sich nach verschiedenen Faktoren, die fast jedes Mal geändert wurden. Erst ab 1930 gab es diese Zeitvorgaben nicht mehr. Nach dem Zweiten Weltkrieg wurden kleinere Yachten notwendig. Der NYYC stellte 1956 bei Gericht den Antrag auf Änderung der Schenkungsurkunde. Das Gericht stimmte dem zu, was zur Einführung der „12-Meter-Yachten" führte. Diese Yachten werden nach einer hochkomplizierten Formel berechnet. Diese Formel wurde 1906 aufgestellt und im Laufe der Jahre immer weiter verfeinert, um alle Zwölfer einheitlich zu machen. 1988 allerdings forderte der Neuseeländer Michael Fay die USA mit einem riesigen 27,4-Meter-Boot heraus, denn ein Einmaster durfte nach wie vor zwischen 44 und 90 Fuß lang sein („90 feet on the waterline"). Zudem war die inzwischen allgemein übliche Praxis, das Rennen alle drei bis vier Jahre zu veranstalten, hinfällig geworden, da auch dies nicht geregelt war. Die USA antworteten mit dem Einsatz eines Katamarans (Boot mit zwei Rümpfen), was ihnen einen kolossalen Vorteil einbrachte; souverän gewannen sie die Wettfahrt. 1989 stellte man neue Richtlinien auf; nun wurden Boote mit einer Länge bis zu 75 Fuß (22,9) Meter zugelassen.

Alle ausländischen Yachtclubs besitzen ein Herausforderungsrecht, doch da die Herausforderer zunächst verpflichtet waren, mit ihrer Yacht zum Austragungsort, also in die USA, zu fahren, beschränkte sich dies zunächst auf Briten und Kanadier. Erst 1962 wurde diese Vorschrift schließlich geändert.

1970 gab es zum ersten Mal internationale Ausscheidungsrennen; zuvor war dies nur bei den Amerikanern der Fall gewesen (seit 1881). Das von vielen Protesten begleitete Rennen gewann die australische Gretel II gegen die France.

1999 wollen 18 Yachten aus 10 Ländern versuchen, die Ausscheidung um den Louis-Vuitton-Cup zu gewinnen, um anschließend die Neuseeländer vor Auckland herauszufordern. Großbritannien hat bisher 15 Anläufe unternommen, den Cup zu gewinnen. Australien stand achtmal im Finale, Kanada und Neuseeland versuchten sich zweimal. Italien gelangte 1992 ins Finale, und die USA mußten nach der Niederlage 1983 vier Jahre später zum ersten Mal den dornenreichen Weg der Vorausscheidung gehen, ehe sie im Finale erneut triumphierten. Bis 1995 haben die USA nur 2 der insgesamt 30 Rennen um den „America's Cup" verloren: 1983 gegen Australien und 1995 gegen Neuseeland. Dabei gewannen die Amerikaner 91 von 109 Wettfahrten, was einer Erfolgsquote von über 83 Prozent entspricht.

147 ▲

155 ▲

163 ▲

171 ▲

179 ▲

▶

195 ▲

201 ▲

11 ▲

17 ▲

Olympische Spiele

Die Olympischen Spiele

Alle vier Jahre ein weltumfassendes Spektakel

Sie entstanden als Kult akademischer Kreise, versanken alsbald im organisatorischen Chaos und sind heute das einzige wahrhaft weltumspannende Festival. Die Olympischen Spiele, veranstaltet unter dem Logo der fünf ineinander verschlungenen, bunten Ringe, die nach einer Umfrage in der westlichen Welt bekannter sind als das rote Kreuz des Roten Kreuzes, erregen Aufmerksamkeit in buchstäblich jedem Winkel der Erde, denn allüberall wird Sport getrieben, und Olympia mit seinen derzeit 28 Sportarten (Stand: Sydney 2000) bedient fast jedwedes Interesse. Die Olympischen Spiele leben von der Tradition und liegen im Trend; die Herren der Ringe vertrauen nicht mehr allein den überlieferten Heldenepen, sie lassen ihr Spektakel längst umfassend vermarkten.

Würden der französische Pädagoge Baron Pierre de Coubertin und der ehemalige frankistische Politiker Juan Antonio Samaranch, der Begründer der Olympischen Spiele der Neuzeit und Präsident des Internationalen Olympischen Komitees (IOC) von 1896 bis 1925 also und dessen seit 1980 amtierender Chef sich heute treffen, der ewig beschworene olympische Geist würde sie nicht einen können. Machte der Spanier aus dem IOC eine Organisation, die allein die weltweiten Werbe- und TV-Rechte für die Dauer einer Olympiade (des vierjährigen Zeitraums zwischen zwei Spielen) für mittlerweile mehr als 1,5 Milliarden US-Dollar verkauft, so sprach de Coubertin, der in einem Vortrag an der Pariser Universität Sorbonne 1892 die Wiederbelebung der Spiele der Antike vorschlug (welcher Beschluß an ebenjener Hochschule zwei Jahre später gefaßt wurde), von den Spielen als einer „Religion". Freilich bastelten Coubertin und seine bürgerlichen Gefolgsleute eine Theorie des olympischen Sports, die in der Behauptung der hehren Ziele sich nicht immer auf antike Vorbilder berufen konnte. Der ideologische Überbau geriet den Coubertins recht bombastisch, die profane Wirklichkeit des olympischen (Sport-)Treibens wollte schon damals so gar nicht dazu passen.

Nach einem ansprechenden Beginn 1896 in Athen, in Griechenland, dort, wo die fast 1000jährige Geschichte der Spiele der Antike 776 vor Christus ihren Anfang genommen hatte, rutschten die folgenden Spiele in Paris und St. Louis ins Rahmenprogramm von Weltausstellungen. Die Krise zog sich bis 1928 hin: beliebige Programme (1904 fanden 390 Wettbewerbe statt), übermäßige Dauer (bis zu mehreren Monaten), kuriose Disziplinen (Kopfweitsprung, 1920 allein neun Schießkonkurrenzen für Militärgewehre), undurchsichtige Teilnehmerfelder (bisweilen nahmen Touristen teil) und ein mitunter desinteressiertes IOC. Das Dogma der Einheit von Zeit und Raum für die Sommerspiele – 16 Tage, eine Stadt – trat 1932 in Los Angeles in Kraft, wurde 1956 außer Kraft gesetzt (wegen der scharfen australischen Quarantänebestimmungen ritten die Reiter statt in Melbourne in Stockholm) und in der Ära Samaranch aufgeweicht: Durchs Vorziehen der Eröffnungsfeier brachte Atlanta es auf 17 Tage.

Samaranch steht für die Epoche des Olympismus, in der die Geldgeber den Takt vorgeben, in dem die olympische Bewegung voranschreitet. Die TV-Anstalten gestalten den Zeitplan der Spiele und bestimmen, welche Sportart neu aufgenommen wird, ja, sie brachen sogar den dem antiken Vorbild entlehnten Vier-Jahres-Rhythmus auf: Seit 1992 finden Winter- und Sommerspiele im zweijährigen Wechsel statt. Das IOC, bestehend aus mehr als 100 persönlichen Mitgliedern, in aller Regel Repräsentanten der herrschenden politischen und sozialen Kreise ihrer jeweiligen Gesellschaftssysteme, ist ein nichtdemokratisch legitimierter, elitärer Bund geblieben, der in aller Regel tut, was sein Präsident, der Fernsehsender NBC und die Sponsoren wollen.

Coubertin war in seiner bürgerlichen Grundhaltung ein würdiger IOC-Vorsitzender, der sich freilich in zwei wichtigen Fragen nicht durchsetzen konnte. Der Franzose lehnte Winterspiele ab – in der Antike waren sie aus naheliegenden Gründen nicht existent –, und doch kamen sie 1924 (Chamonix), und er wollte die Spiele frauenfrei halten, was ihm nur bei der Premiere 1896 gelang.

Unter dem Pragmatiker Samaranch wurde der Amateur-Paragraph 1990 aus der olympischen Charta gestrichen, ein überfälliger, langjähriger Heuchelei ein Ende setzender Akt. In Sonderheit der US-amerikanische Unternehmer und IOC-Präsident Avery Brundage, ein stockkonservativer Sportfunktionär, der sich für die Vergabe der Spiele an Nazi-Deutschland stark gemacht hatte, verteidigte hartnäckig den Amateurismus, der auch in Deutschland, historischer Entstehung hohnsprechend, glorifizert, ja in der Studentenbewegung als quasi antikapitalistische Idee mißinterpretiert wurde. Der Amateur war im England des vergangenen Jahrhunderts der junge Mann aus gutem, wohlhabenden Hause, das es sich leisten konnte, den Zögling ohne finanzielles Zutun Dritter intensiv Sport treiben zu lassen. Jim Thorpe, Paavo Nurmi und Karl Schranz zählen zu den – später rehabilitierten – Athleten, die das IOC aus der olympischen Familie verbannte, weil sie ein bißchen Geld genommen hatten.

So sehr ziehen Olympische Spiele weltweit Aufmerksamkeit an, daß die politischen Konflikte, die bei den Spielen oder über sie ausgetragen werden, wie unter einer Lupe vergrößert erscheinen. Die deutschen Faschisten, der Idee eines internationalen Wettbewerbs zwischen Menschen aller Rassen eigentlich abhold, benutzten die Spiele 1936, um im Ausland das Deutsche Reich als grandiose, neue Welt zu verkaufen. Zu den letzten Gefechten des Kalten Krieges gehörten die Olympia-Boykotte der meisten westeuropäischen Länder unterm Kommando der USA gegen Moskau 1980 und die Retourkutsche, in der, gelenkt von der Sowjetunion, fast alle osteuropäischen Länder saßen, gegen Los Angeles 1984.

Die emporgereckten Fäuste von John Carlos und Tom Smith während der Siegerehrung 1968 in Mexiko-Stadt war ein Fanal gegen die Rassenunterdrückung in den USA wie auch der Boykott der schwarzafrikanischen Länder der Spiele von 1976. Schließlich ist der bekannteste Doping-Fall der Manipulationsgeschichte im Sport ein olympischer: Ben Johnson wurde 1988 in Seoul erwischt (und Florence Griffith-Joyner nicht).

Als ökonomisch und sportlich bedeutendes Spektakel genießen die Spiele ein solches Ansehen, daß sich mittlerweile die Metropolen dieser Erde um die Austragung reißen. Es mußte eine Kommission ins Leben gerufen werden, die aus dem stets wachsenden Kreis ernsthafter Bewerber jene vier herausfiltern muß, die sich zur Schlußabstimmung stellen dürfen.

Noch vor gut 20 Jahren trieb die olympische Bewegung dem Konkurs entgegen. Das Beispiel Montreal – nachdem die Jugend der Welt abgezogen war, saß die Kommune auf einem Schuldenberg von 800 Millionen Dollar, und abgetragen ist er noch heute nicht – wirkte so abschreckend, daß Los Angeles die Spiele 1984 schon deshalb bekam, weil sich niemand anderes bewarb. Organisator Peter Ueberroth bewältigte die Aufgabe, Spiele ohne staatliche Hilfe zu finanzieren, ähnlich wie die Griechen 1896. Damals schenkte der Millionär Georg Averoff den Veranstaltern das marmorne

Olympiastadion. Ueberroth ließ beispielsweise die Klopsbraterei McDonald's das Schwimmstadion bauen.

Den Durchbruch zu besseren Zeiten ermöglichten TV-Sender, die begannen für die Programmware Sport Millionen auszuwerfen. Das IOC, das noch in den 70er Jahren quasi von der Hand in den Mund lebte, kann inzwischen langfristig planen, denn die TV-Rechte von 2000 bis 2008 sind für den US-amerikanischen, den europäischen, den japanischen und den australischen Markt für zusammengerechnet fast neun Milliarden Mark (plus Gewinnbeteiligung) verkauft. Ins IOC-Sponsorenprogramm TOP IV (Laufzeit von 1997 bis 2000) haben sich elf Firmen mit Beträgen von durchschnittlich 45 Millionen US-Dollar eingekauft. Die Steigerungsraten sind enorm: TOP I brachte es 1985 auf 95 Millionen Dollar, TOP IV auf rund eine halbe Milliarde.

Tatsächlich haben die Kommerzialisierungsfachleute Besitz ergriffen von den Spielen und machen noch aus dem wochenlangen Fackellauf mit dem olympischen Feuer eine werbefinanzierte Veranstaltung. Und die Stars nächtigen nicht mehr im olympischen Dorf, sondern beziehen Hotelzimmer.

Die ökonomische Zukunft der Spiele ist sicher, die TV-Einschaltquoten wachsen enorm, und wo bleibt der olympische Geist? Hat er sich verflüchtigt? Auch Skeptiker wie der ehemalige Fecht-Olympiasieger Arnd Schmitt und scharfe Kritiker wie der ehemalige Ruder-Olympiasieger Hans Lenk sprechen noch von den Spielen als „Höhepunkt des sportlichen Lebens" (Lenk) und der von Olympia ausgehenden „Faszination, die für viele Entbehrungen entschädigt" (Schmitt), übernehmen aber keine Gewähr, daß es so bleibt.

Erinnerung an eine Sage

Nur vier Sportarten stehen seit 1896 ununterbrochen auf dem Programm der Sommerspiele: Leichtathletik, Schwimmen, Turnen und Fechten. Ray Ewry ist (und wird es wohl für immer bleiben) der erfolgreichste Olympia-Teilnehmer. Der US-Amerikaner, Spezialist für Sprünge aus dem Stand, gewann von 1900 bis 1908 zehn Goldmedaillen. Neun Olympiasiege sammelten die russische Turnerin Larisa Latynina (1956 bis 1964), der finnische Leichtathlet Paavo Nurmi (1920 bis 1928), der US-Schwimmer Mark Spitz (1968 bis 1972) und der US-Leichtathlet Carl Lewis (1984 bis 1996).

Das Internationale Olympische Komitee (IOC) hatte in seiner 103

Jahre alten Geschichte erst sieben Präsidenten, den Griechen Demetrius Bikelas (1894 bis 1896), den Franzosen Baron Pierre de Coubertin (1896 bis 1925), den belgischen Grafen Henri de Baillet-Latour (1925 bis 1942), den Schweden Sigfrid Edström (1942 bis 1952), den US-Amerikaner Avery Brundage (1952 bis 1972), den Iren Lord Mike Killanin (1972 bis 1980) und den Spanier Juan Antonio Samaranch (ab 1980).

Die Sommerspiele fanden bisher 14mal in Europa statt – darunter zweimal in Frankreich (Paris 1900 und 1924), in Deutschland (Berlin und München) und Großbritannien (London 1908 und 1948) –, viermal in Nordamerika (Los Angeles 1932 und 1984, Montreal und Atlanta), zweimal in Asien (Tokio und Seoul) und je einmal in Mittelamerika (Mexiko-Stadt) und Australien (Melbourne).

In die Winterspiele teilen sich Europa – darunter dreimal Frankreich (Chamonix, Grenoble, Albertville) und je zweimal die Schweiz (St. Moritz 1928 und 1948), Norwegen (Oslo und Lillehammer) und Österreich (Innsbruck 1964 und 1976) –, Nordamerika (Lake Placid 1932 und 1980, Squaw Valley und Calgary) und Asien (Sapporo).

Der Marathonlauf ist die einzige Olympia-Schöpfung. Im Altertum liefen die Athleten maximal zwölf Stadien à ungefähr 200 Meter. Der Franzose Michel Bréal, ein Freund Coubertins, hatte die Idee, einen Lauf von Marathon nach Athen ins Programm zu nehmen in Erinnerung an die Sage, wonach ein Bote von Marathon nach Athen lief, um die Nachricht vom Sieg über die Perser zu überbringen. Das Maß 42,195 Kilometer existiert seit den Spielen von 1908 in London und entsprach der Distanz von Schloß Windsor (Start) bis zur Ziellinie vor der königlichen Loge im White-City-Stadion.

155 ▲

163 ▲

171 ▲

179 ▲

187 ▲

►

201 ▲

11 ▲

17 ▲

23 ▲

Letzigrund Zürich

Sportfest im Züricher Letzigrund

Wo die besten Leichtathleten der Welt alljährlich ein Feuerwerk der Rekorde abbrennen

Auf einmal schmerzen die Beine nicht mehr. Nur noch der schmale, schwarzhaarige junge Mann interessiert, der von tosendem Applaus um die 400-Meter-Bahn getrieben wird. Reden ist längst nicht mehr möglich, auch mit den rundum hautnah stehenden Nachbarn nicht, das Gebrüll dröhnt in den Ohren, also wird einfach lauthals mitgeschrien im Kollektiv. 24 000 Menschen im Züricher Letzigrundstadion sind völlig aus dem Häuschen, vor allem die 5000 ganz eingefleischten Leichtathletik-Fans in den Kurven, die Körper an Körper stehen und um den freien Blick kämpfen auf Sebastian Coe, der inzwischen weitergelaufen ist nach dem Ziel, nach dem 1500-Meter-Weltrekord, wenn auch langsamer und umringt von einer Traube von Fotografen. Vor der Bande bleibt er stehen, der sonst so Unnahbare, winkt hinein in die begeisterte Menge und läßt sich feiern, ehe er Platz machen muß für den nächsten Star.

Der 15. August 1979 ist einer dieser Letzigrund-Tage, bei denen man nach 11 Uhr abends aus dem Stadion geht, aufgekratzt, aber völlig geschafft. Die Beine schmerzen, der Rücken tut weh nach der sieben-, achtstündigen Tortur. Die gute Position an der Bande, direkt hinter der Laufbahn, sozusagen von Angesicht zu Angesicht zu den Stars, muß früh nachmittags eingenommen und dann verteidigt werden mit aller Kraft. Mit Sitzen ist nichts mehr so ab 16 Uhr. Aber was sind schon körperliche Wehwehchen, wenn der Kopf voller Begeisterung ist?

Es ist ein Feuerwerk, das Jahr für Jahr im schmucken, kleinen, randvoll gefüllten Stadion in Zürich abgebrannt wird. Keiner versteht es besser, die Besten der besten Athleten zu seinem Sportfest zu locken als Res Brügger, der die „Weltklasse in Zürich" organisiert. Und die grandiosen Leistungen kitzelt das begeisterungsfähige Züricher Publikum aus ihnen heraus. Etwa 1997, das als das Jahr der Afrikaner in die Letzigrund-Geschichte eingehen wird, auch wenn einer der drei Weltrekorde auf das Konto Dänemarks zu verbuchen ist. Über 800 Meter, 3000 Meter Hindernis und 5000 Meter brüllten die Menschen den für Dänemark startenden Wilson Kipketer, den Kenianer Wilson Boit Kipketer und den Äthiopier Haile Gebrselassie um die Bahn: dreimal Weltrekord, die ohnehin grandiose Stimmung wuchs wieder einmal ins Gigantische.

Es war indessen lange vor Brüggers Zeit, als die Macher im Letzigrund gleich beim allerersten „Internationalen" im Jahre 1928 einen Meilenstein setzten, der jede Menge glanzvoller Leichtathletik-Begegnungen nach sich ziehen sollte: Keinen Geringeren als den neunfachen Olympia sieger Paavo Nurmi durften die 3000 Zuschauer bejubeln bei seinem 5000-Meter-Sieg. Schon 1935 startete eine US-Auswahl, 1952 bewunderten 10 000 Zuschauer sieben Olympiasieger von Helsinki, und von 1958 an ging es Schlag auf Schlag. Ein Jahr später wurden die ersten Weltrekorde registriert: Der damals 22 Jahre alte Martin Lauer aus Köln brach über 100 Meter Hürden in die Domäne der US-Amerikaner ein und verbesserte die bis dahin schnellste Zeit um zwei Zehntelsekunden auf 13,2. Damit nicht genug: Eine Stunde später stellte Lauer über die heute nicht mehr gelaufenen 200 Meter Hürden mit 22,5 Sekunden einen weiteren Weltrekord auf.

Das Züricher Highlight des Jahres 1960 ging um die Welt. Es war kurz vor den Olympischen Spielen in Rom, und erst mittags hatte der deutsche Verband nach langem Hin und Her seinem olympiaambitionierten Sprinter Armin Hary den abendlichen Start in Zürich erlaubt, doch der Deutsche hat sich von dem Hickhack nicht verunsichern lassen. Wie gewohnt schnellte er aus dem Startblock heraus, nach 100 Metern blieb eine Uhr bei 10,0 Sekunden stehen, die anderen beiden zeigten sogar Werte an mit einer neun, ergibt: 10,0. Weltrekord. Doch nicht nur den Starter beschlich ob des wahrscheinlichen Frühstarts ein ungutes Gefühl, vor lauter Schreck hatte der Neuling an der Pistole das Zurückschießen versäumt.

Hary ließ sich erneut nicht aus der Ruhe bringen, er suchte sich zwei Mitstreiter (als Staffage für einen Weltrekord nötig) und verlangte einen zweiten Versuch. Dieses Mal schoß der frühere Starter, eigentlich schon in Rente, und Hary sprintete wieder wie der Teufel die Letzigrund-Aschenbahn hinunter: 10,0 - Weltrekord.

Nicht allein die Weltrekorde schrieben Letzigrund-Geschichte und Geschichten, sondern auch jene wie die von Mike Boit, der 1976 die 26 000 im Stadion kurz vor dem Start zum 800-Meter-Lauf zum Toben brachte. Afrika hatte die Spiele in Montreal boykottiert, weil das IOC der Forderung nach dem Ausschluß der neuseeländischen Mannschaft nicht nachgekommen war (Neuseeland hatte gegen den Apartheidstaat Südafrika Rugby gespielt), und der Boykott sollte auch für die Meetings gelten. Boit aber widersetzte sich mit dem schlichten Argument: „John Walker war vorher mein Freund, und ich sehe nicht ein, weshalb er es heute nicht mehr sein soll." Boit sollte abgehalten werden von seinem Züricher Start, aber Res Brügger versteckte ihn, vorsichtshalber wurde nur im Dunkeln trainiert, und erst, als nichts mehr passieren konnte, gab der Stadionsprecher einem hocherfreuten Publikum seinen Start bekannt. Der Kenianer siegte in 1:43,9 Minuten, leider war Olympiasieger Alberto Juantorena nicht am Start. Ein Jahr später trafen die beiden dann in Zürich aufeinander, Juantorena gewann gegen Boit.

Die Duelle Mann gegen Mann liebt das Züricher Publikum ganz speziell, und das bringt Res Brügger manchmal ins Schwitzen. Nicht immer weckt es in Olympiasiegern und Weltmeistern die rechte Begeisterung, wenn eine(r) ihnen die besiegelte Vormachtstellung streitig machen will. Vergleichbar mit dem (um ein Jahr verspäteten) „Boykott-Duell" Boit gegen Juantorena gelang Brügger aber 1984 ein ganz großer Wurf. Die US-Amerikanerin Evelyn Ashford hatte in Los Angeles die Goldmedaille im 100-Meter-Lauf ersprintet, viele mäkelten an diesem Sieg herum, schließlich hatten die überragenden DDR-Sprinterinnen gefehlt. In Zürich brannte die boykottgeschädigte Marlies Göhr auf eine Revanche. Doch Ashford widerstand und zauberte ein unglaubliches Rennen auf die Bahn: klarer Sieg über Göhr, 10,76 Sekunden, Weltrekord; Göhrs 10,84 verblaßten fast. Kaum einen aus dem Sitzplatzpublikum, den es da nicht aus der Plastikschale gerissen hätte.

Wie das Publikum, so hatte (und hat) auch Res Brügger seine „Lieblinge", auserkoren kraft ihrer Ausstrahlung in Verbindung mit Leistungsfähigkeit. Ganz oben in dieser Liste stehen Sebastian Coe und Carl Lewis. Coe also hat über Jahre die Menschen beim Züricher Meeting fasziniert und sie umgekehrt auch ihn, er selbst sagte 1980, Zürich sei „das Meeting des Jahres, ja, das Ereignis der Saison". Und Lewis gehört zur gleichen Kategorie, immer in Zürich präsent, immer bereit zu einem rasanten Lauf oder gewaltigen Sprung. Coe und Lewis sind immer gerne in den Letzipark gekommen, auch weil – und da stehen sie repräsentativ für sämtliche Stars – ihnen immer angemessener Respekt gezollt worden ist, von Brügger vor allem, von allen anderen auch, und nicht nur, wenn es um die Bezahlung ging. Da haute der Chef eher auch einmal auf den Tisch, mit dem Hochspringer Dietmar Mögenburg und dem Hürden-As Edwin Moses hat er sich nicht einigen können über das Honorar. In der Regel reißen sich die Sportler aber eher um einen Start im Letzigrund. Der Diskuswerfer Werner Hartmann brachte es auf den Punkt: „Allein um in Zürich dabeizusein, würde ich noch 100 Mark mitbringen."

Rekorde im Letzigrund

Martin Lauer war der erste, der in Zürich einen Weltrekord aufstellte, viele sollten folgen bis hin zum Jahr 1997, in dem die Weltrekordjagd eine neue Dimension annahm: Der aus Kenia stammende und für Dänemark startende Wilson Kipketer machte den 1:41,73 Minuten über 800 m endgültig den Garaus, die Marke von Sebastian Coe aus dem Jahr 1981 hatte er kurz vor Zürich eingestellt, im Letzigrund verbesserte er sie auf 1:41,24. Sein Fast-Namenskollege aus Kenia, Wilson Boit Kipketer, stürmte nach 3000 Metern Hindernis in der neuen Bestmarke von 7:59,08 Minuten ins Ziel, und kurz vor Toresschluß um halb elf legte Haile Gebrselassie (Äthiopien) 12:41,86 über 5000 Meter auf die Bahn. Der Abend war symptomatisch, denn stets ließen sich fast ausschließlich Läufer vom begeisterten Publikum zu nie dagewesenen Höchstleistungen treiben, nur Faina Melnik schleuderte 1975 den Diskus 70,20 m weit. Der Hürdenrekord wurde nach Lauer noch von Rod Milburn (1973/13,1), Reynaldo Nehemiah (1981/12,93) und Roger Kingdom (1989/12,92) unterboten; Sebastian Coe triumphierte nach dem 1500-m-Rekord (1979/3:32,03) auch noch über die Meile (1981/3:48,13). Tatjana Kasankina schraubte 1980 die 1500-m-Zeit auf 3:52,47 Minuten, das war Mary Decker-Slaney zu schnell, sie wich lieber auf die Meile aus (1985/4:16,71). Diese Zeit verbesserte Swetlana Masterkowa 1996 in Zürich auf 4:12,56 Minuten. Butch Reynolds rannte 1988 über 400 m 43,29 Sekunden, die US-Sprintstaffel setzte 1991 mit 37,67 den Akzent.

Dann kam die Zeit der Afrikaner: Moses Kiptanui rannte über 3000 Meter Hindernis 1992 in 8:02,08 so schnell wie keiner zuvor, 1995 verbesserte er sich auf 7:59,18, Haile Gebrselassie lief 1995 seine 12:44,39 über 5000 m. Und über 100 m gab es nach den 10,0 Armin Harys 1960 erst wieder 1984 die 10,76 von Evelyn Ashford. Carl Lewis' 9,93 von 1988 gingen erst in die Rekordlisten ein, als Ben Johnsons Doping-Rekord (9,83) gestrichen war.

163 ▲

171 ▲

179 ▲

187 ▲

195 ▲

11 ▲

17 ▲

23 ▲

29 ▲

Ironman Hawaii

Ironman auf Hawaii

Aus einer Schnapsidee wurde der bekannteste Triathlon der Welt

Himmel und Hölle. Wo mag wohl der Ort liegen, an dem Gut und Böse so aufeinandertreffen wie bei diesem Kinderspiel? Frag einen Triathleten, und er wird dir sagen: auf Hawaii. Ein Traum, der schnell zum Alptraum wird, ein Ort, der himmlisches Vergnügen mit höllischer Qual vermischt. Denn die Erfüllung aller Südsee-Sehnsüchte beim Verlassen des Flugzeuges ist für einen Triathleten nur die halbe Wahrheit. Von wegen paradiesische Zustände. Mit einem Kinderspiel hat sein Vorhaben hier nichts mehr zu tun.

Der Mann auf dem Rad kämpft. Mit sich und gegen das Aufgeben. Die Kräfte schwinden, der Puls rast, die Hitze ist unerträglich, und zu alledem bläst ihm auch noch der Wind tüchtig ins Gesicht. Es geht geradeaus. So weit das Auge schauen kann, flimmert der Asphalt zwischen den Lavafeldern. Der Highway No. 19 ist die Hölle. Die Sonne steht senkrecht und brennt erbarmungslos, die bizarre, pechschwarze Landschaft treibt die Temperatur in diesem Glutofen zusätzlich in die Höhe. Sieben Stunden bereits erträgt der Mann diese Tortur. Freiwillig. Er hat sie sich immer gewünscht. Der Schweiß rinnt ihm über das Gesicht, er weiß schon gar nicht mehr, seit wann die Oberschenkel so höllisch brennen. 3,8 Kilometer ist er heute morgen im Ozean geschwommen, seit 150 Kilometern sitzt er im Sattel seiner Rennmaschine. Absteigen darf er erst nach weiteren 30. Im Ziel ist er dann aber noch lange nicht. Will er ein Ironman sein, muß er auch die dritte Prüfung, den abschließenden Marathonlauf, bestehen.

Es müssen Verrückte gewesen sein, die sich einen derartigen Wettbewerb ausgedacht haben. Zumindest, und das steht fest, war es eine Schnapsidee. Nach etlichen Dosen Bier geriet der Marine-Offizier John

Collins mit seinen Kollegen darüber in Streit, welcher auf Hawaii ausgetragene Wettbewerb der härteste sei: das Waikiki Rough Water Swim über 3,8 Kilometer, das Radrennen von Oahu über 180 Kilometer oder der Honolulu-Marathon über klassische 42,195 Kilometer. Noch einige Bier später hatten sie schließlich den „richtigen" Maßstab für den härtesten Kerl gefunden. Alle drei Disziplinen sollten innerhalb von 24 Stunden hintereinander und ohne Pause absolviert werden. Das war 1977. Und seitdem gibt es Triathlon.

Im Februar 1978 fanden sich dann tatsächlich 15 – nennen wir sie „Mutige" – zusammen, die sich dieser unmenschlichen Herausforderung stellten. Zwölf von ihnen erreichten das Ziel. Sieger wurde Gordon Heller, ein US-Amerikaner. Er also war der härteste Mann und durfte sich „Ironman" (Eisenmann) nennen. 12:20,27 Stunden war er unterwegs.

Ende der neunziger Jahre würde er mit dieser Zeit irgendwo zwischen Platz 600 und 700 landen, denn längst ist aus dem Biertisch-Jux ein lukratives Sport-Spektakel geworden.

Nach den ersten Fernsehübertragungen 1981 trat der Triathlon von der Südsee aus seinen Siegeszug um die Welt an. Doch längst nicht jeder oder inzwischen auch jede kann sich auf Big Island an den Start stellen und in die Pazifikwellen stürzen. Schön erst mal zu Hause zeigen, daß man's kann. Sechs Veranstaltern auf allen Kontinenten haben die Organisatoren des „echten" Ironman Lizenzen erteilt.

Einer davon ist Detlef Kühnel, gemeinsam mit Manuel Debus der erste Deutsche, der auf Hawaii startete. Er lockt alljährlich etwa zweieinhalbtausend Dreikämpfer nach Roth bei Nürnberg.

Dort können die Hawaii-Anwärter ihre Qualifikationsnorm für die Erfüllung ihrer Triathlon-Träume erbringen. Viele, die diese Hürde genommen haben, haben ihr persönliches Ziel eigentlich schon erreicht: einmal Hawaii! Denn jeder, dem sie erzählen, sie seien Triathleten, wird sehr wahrscheinlich die Frage stellen: „Und warst du auch mal beim Ironman?" Dann heißt es nur noch irgendwie durchkommen, getreu dem Triathlon-Motto: „Every finisher is a winner."

Das gilt freilich heutzutage nur noch für die große Masse der Amateure unter den etwa 1500 Hawaii-Startern, die sich dieses zweifelhafte Vergnügen neben 270 Dollar Startgeld eine Menge kosten lassen. Schließlich liegt Hawaii für die meisten nicht gerade um die Ecke, und die Ausrüstung soll bei einer solchen Herausforderung auch auf dem neuesten technischen Stand sein. Wie bei den Besten der Welt, mit denen sich die auserwählten Namenlosen des Triathlons gemeinsam auf den langen, beschwerlichen Weg machen dürfen. Etwa 150 Profis eilen auf Hawaii vorneweg. „Jeder kann gewinnen" hat unter ihnen eine ganz andere Bedeutung. Wer hier noch an ein „Jeder für sich" glaubt, hat das Spiel nicht verstanden. Jeder gegen jeden. Auch wenn Mythos und Legende den Ironman unter den Hauptberuflichen noch immer zu etwas Besonderem machen, er ist ein eisenhartes Geschäft geworden, bei dem es eben um weit mehr als um ein „Finisher-T-Shirt" geht. 20 000 Dollar kassiert der Sieger.

„Es gibt viel schönere Triathlons als diesen auf Hawaii", sagt Oliver Graf. Auch er stand einst in der deutschen Nationalmannschaft für die Kurzstrecke, auch er hat sich vom Mythos Hawaii locken lassen. „Roth", sagt er, „ist eigentlich viel, viel schöner." Und er erzählt von all den idyllischen Dörfern in Franken, der grünen Landschaft rundherum und vor allem den rund 140 000 begeisterten Zuschauern entlang der Strecke, und zwar der gesamten Strecke. Auf Hawaii jubeln sie zwar auch, aber es sind weitaus weniger, und sie tummeln sich überwiegend entlang der Straße in Kailua Kona und im Start-Ziel-Bereich.

Hat man aber den Ort auf jenem unbarmherzigen Highway No. 19 verlassen, ist da nichts mehr als das stumme Lavagestein, die Hitze und die schier endlos geradeaus verlaufende Straße. Schonungslos. Hin und wieder ein Mitstreiter. Mancher am Wegesrand mit einem Plattfuß am Rad. Abwechslung bringt nur das Essen und Trinken, das so wichtig ist bei dieser Mühsal. Ab und zu einen der nahrhaften Kraftriegel in den Mund schieben, sie kleben meist schon ausgepackt auf dem Radlenker. 15 000 Kalorien „kostet" so ein Triathlon.

„Auf dem Rad", sagt Oliver Graf, „das geht noch, da unterhält man sich gelegentlich sogar." Aber wenn es dann ans Laufen geht, ist es aus mit der Geselligkeit. Ein jeder schleppt sich dahin, die Mützen meist tief ins Gesicht gezogen. Manch einer packt auch eine Ladung Eiswürfel hinein. Trinken, trinken, trinken. Hier ein Wasser, da eine Cola oder ein kohlenhydrathaltiges selbstgemischtes Getränk. Drei Liter Wasser schwitzt ein Athlet unter diesen klimatischen Bedingungen in der Stunde aus. Wer da nicht aufpaßt, kann leicht ins Torkeln kommen.

„Laufen kann man das zum Schluß bei den meisten nicht mehr nennen, viele gehen", sagt Oliver Graf, „und manche kotzen auch." Und wer trotz allem durchkommt, ist ein Held. Wer es noch bei Tageslicht schafft, ist ein Super-Held, ein „Sunshine-Finisher".

Die ganz großen Helden des Triathlons tragen sich bereits nach acht Stunden in die Siegerliste ein. Die US-Amerikaner Dave Scott und Mark Allen sind zwei der ganz Großen. In den achtziger Jahren lieferten sich die beiden beeindruckende Duelle. Einmal erschien Sieger Scott auf allen vieren zum Interview. Dauerrivale Allen lag mit einem Kreislaufkollaps im Krankenhaus. 1995 hat es Allen, mittlerweile 37 Jahre alt, den Jüngeren noch einmal gezeigt, zum sechsten Mal insgesamt. Thomas Hellriegel, den bislang besten deutschen Teilnehmer, hat er auf den letzten drei Meilen vor dem Ziel noch überholt.

Auch ein Jahr später mußte sich Hellriegel mit Rang zwei begnügen. Aber die Zeit der amerikanischen Dominanz ist vorüber. Zwei Jahrzehnte lang hatten sie den Ironman beherrscht und lediglich 1994 dem Australier Greg Welch den Sieg überlassen. Der Belgier Luc van Lierde gewann 1996 als erster Europäer, 1997 teilten drei Deutsche die ersten Plätze unter sich auf: Thomas Hellriegel, Jürgen Zäck und Lothar Leder.

Bei den Frauen hat vor allem Paula Newby-Fraser Hawaii-Geschichte geschwommen, geradelt und gelaufen. Achtmal hat sie gewonnen, 1996 in 9:06:42 Stunden. Dabei hatte sie 1995 geschworen, aufzuhören. 300 Meter vor dem Ziel hatte sie wie die sichere Siegerin ausgesehen. Doch dann wollte ihr Körper nicht mehr. Sie brach zusammen, rappelte sich auf und schleppte sich schließlich 19 Minuten später noch ins Ziel. Drei Konkurrentinnen hatten sie inzwischen überholt.

Während die Profis längst geduscht haben und sich schon einige Stunden Erholung von den Strapazen der 15-Prozent-Steigung des Haert Brake Hills und dem endlosen Fußmarsch über die National Energy Lab Road erholen, sind die meisten ihrer unbekannten Mitstreiter noch auf dem Highway unterwegs. Bis Mitternacht können sie sich Zeit lassen, das Ziel zu erreichen. In der letzten Stunde vor Toresschluß ist hier die Hölle los. All die Großen haben sich noch einmal unter das begeisterte Volk gemischt, und gemeinsam empfangen sie die „Finisher" mit einem Blumenkranz. Für viele sind mit dem Übertreten der so lange herbeigesehnten Linie die Strapazen der vergangenen 17 Stunden vorerst vergessen. Hier ist sie also, die Grenze zwischen Hölle und Himmel.

Zur Strafe in die Box

Schatten gibt es auf dem Highway No. 19 auf Hawaii keinen; aber Windschatten. Und den sollten Triathleten tunlichst meiden. Geraten sie aber doch einmal zu nahe an das Hinterrad des Vordermanns, dann gilt es, schnell zu verschwinden. Überholen oder zurückfallen lassen heißt die Devise, mindestens zehn Meter. Sonst droht eine Strafe, und die kann für einen Profi teuer werden. Kommt der Mann mit der gelben Karte, heißt es absteigen, und zwar mit beiden Füßen auf den Boden. Dann erst kann es weitergehen. Das ist seit 1996 aber noch nicht alles. In der Wechselzone wartet auf den „Kräfte-Dieb" nach dem Aufenthalt im Windschatten der Besuch in der Strafbox. Drei Minuten muß er hier warten, bis er schließlich doch seine Laufschuhe schnüren und sich auf die Marathonstrecke begeben darf. Freilich kann er die Zeit sinnvoll mit Trinken oder dem Gang auf die Toilette nutzen.

Der Großteil der Triathleten begrüßt diese Regelung. Immer wieder hat es aufgrund des Windschattenfahrens Unstimmigkeiten unter den Aktiven gegeben. Dem ist nun ein Ende gesetzt. Und wer zweimal beim Windschattenfahren erwischt wird, also zweimal die gelbe Karte sieht, fliegt ganz raus.

Bildnachweis:

DEUTSCHE PRESSEAGENTUR: Hahnenkamm-Rennen, Hölle des Nordens, Deutsches Sprinderby, Kieler Woche, Tour de France, Olympische Spiele; ASSOCIATED PRESS: Super Bowl, Grand National Aintree, 24 Stunden von Le Mans, Letzigrund Zürich, Ironman Hawaii; BONGARTZ SPORTFOTOGRAFIE: Vierschanzentournee, Golf-Masters Augusta, 500 Meilen Indianapolis, Deutsches Galopp-Derby; SPORTIMAGE: Oxford-Cambridge, F. A. Cup Final; AGENTUR SCHIRNER: Wasa-Lauf, Holmenkollen-Spiele; AGENTUR WEREK: Davis Cup, Fußball-Weltmeisterschaft; VERANSTALTER: Friedensfahrt, America's Cup; DAIMLER-BENZ-ARCHIV: Mille Miglia; HEINEKEN: Wimledon; AGENTUR MORANDI: Rallye Monte Carlo; SPORTS NEWS: Großer Preis von Monaco.

Impressum:

Große Eschenheimer Straße 16-18,
60313 Frankfurt am Main
Layout und Umschlaggestaltung:
Michael Morawietz, Frankfurt am Main
Druck und Bindung: Clausen & Bosse, Leck
ISBN 3-925850-19-8